HENRI NOUWEN
VINCENT VAN GOGH

FEUER IN MEINEM HERZEN

HENRI NOUWEN
VINCENT VAN GOGH

FEUER IN MEINEM HERZEN

Die Kraft der Mitmenschlichkeit

Herausgegeben von
Franz Johna

Mit einem Vorwort von
Anselm Grün

HERDER

FREIBURG · BASEL · WIEN

Inhalt

III.

Zweiter Teil:
Worte wie Feuer
Aus Briefen von Vincent van Gogh

Das innere Feuer hüten

Gelb ist die Farbe der Sonne. Kaum ein Maler hat das Gelb so betont wie Vincent van Gogh. Unter der Sonnenglut von Arles wurde Gelb zu seiner Lieblingsfarbe. Er trägt sie oft kräftig auf, um die erhellende und wärmende Kraft der Sonne einzufangen. Das Gelb erinnert ihn aber auch an die Ernte und an den Tod. Van Gogh malt den Tod nicht in Schwarz, sondern in Gelb. Er nimmt ihm das Bedrohliche. Der Maler schrieb seinem Bruder Theo zu seinem Bild vom *Schnitter* in der Sonne, den er ganz in Gelb malte: «Ich sehe in ihm ein Bild des Todes ... Aber in diesem Tod liegt nichts Trauriges, es geschieht im vollen Licht, mit einer Sonne, die alles mit goldenem Licht überflutet.»

Henri Nouwen, der holländische Theologe, Psychologe und geistliche Autor, hat sich Vincent van Gogh sehr nahe gefühlt. Die Bilder seines Landsmannes, aber auch vieles, was er in zahlreichen Briefen an seinen Bruder Theo schrieb, sprachen ihn in der Seele an. Er verstand ihn in seiner inneren Zerrissenheit und Empfindsamkeit und war ihm insbesondere in seiner Menschenliebe, die van Gogh «das Fundament von allem» nannte, tief verbunden. Es faszinierte ihn das «innere Feuer», das van Gogh in sich gehütet und in seine Gemälde und Zeichnungen hat einfließen lassen. Während van Goghs Leben ist niemand gekommen, um sich an den Ofen zu setzen und sich zu wärmen. Aber längst bewundern Menschen aus aller Welt seine Bilder und finden in ihnen Trost und Stärkung. Man spürt die Glut, die van Gogh angetrieben hat und die seiner Kunst ihre Wahrheit und Stärke gibt.

Auch in Henri Nouwen brannte ein «inneres Feuer», die Glut einer leidenschaftlichen Gottes- und Menschenliebe, die ihn als

Universitätslehrer und Seelsorger antrieb und die er selbst *lebte*, in den letzten zehn Jahren seines Lebens mit Behinderten in der «Arche-Gemeinschaft Daybreak».

Diese Gottes- und Menschenliebe waren seine Leidenschaft und sind der rote Faden, der seine zahlreichen Bücher durchzieht, die vielen in aller Welt Mut zum Leben und zum Glauben geben.

Geistliches Leben, Leben im Glauben, bedeutet nach Henri Nouwen, das «innere Feuer» zu hüten, das Feuer der göttlichen Glut in uns nicht ausgehen zu lassen. Wir müssen die Türen unseres Ofens schließen, damit die Glut nicht erlischt. «Was behütet werden muss, ist das Leben des Heiligen Geistes.» Dazu braucht es Gebet und Meditation, aber auch tätige Liebe zum Nächsten und das *Mitleiden* mit dem Nächsten. Mitleiden ist ein in der spirituellen Literatur oft zu kurz gekommenes Motiv und das Schlüsselwort, mit dem Henri Nouwen einen überraschenden und bewegenden geistlichen Zugang zum Leben und zum künstlerischen Werk seines «Weggefährten» Vincent van Gogh eröffnet.

Anselm Grün

Vorwort des Herausgebers

Henri Nouwen kam gern nach Freiburg im Breisgau. Er liebte die Atmosphäre der Stadt und fühlte sich wohl im Schatten des Münsters und in Tuchfühlung mit seinem deutschen Verleger. Es lag ihm daran zu wissen, von wo aus und wie seine Bücher in die Hände seiner Leser gelangen, umso mehr als sein Werk *Ich hörte auf die Stille* ihn plötzlich auch diesseits des Atlantiks zu einer festen Größe als geistlicher Buchautor erhoben hatte. Henri Nouwen suchte das persönliche Gespräch mit dem Verleger, den unmittelbaren Austausch mit seinem Lektor, den Kontakt zu den Fachleuten des Verlagsmarketings, ja auch zu Buchhändlern und Lesern.

Legte er auf dem Weg von den Vereinigten Staaten oder Kanada eine Zwischenstation in seiner südholländischen Heimat ein, nahm er öfter seinen hochbetagten Vater mit auf die Weiterreise in den Südwesten Deutschlands, um ihn an seinen Erfahrungen und Entdeckungen teilnehmen zu lassen. Insbesondere die reichen Zeugnisse christlicher Kunst und Frömmigkeit des Oberrheins boten dazu immer wieder neue Gelegenheiten: die Erhabenheit des Freiburger Münsters, die anrührende Schlichtheit des *Christus auf dem Palmesel* in der Art eines kleinen vierrädrigen Prozessions-Handwagens oder die Innigkeit einer *Johannesminne* im Augustiner-Museum, das verschlungene Holzschnitzwerk der *Krönung Mariens* des Meisters «HL» im Münster zu Breisach, Martin Schongauers anmutige *Maria im Rosenhag* im elsässischen Colmar, und dort ganz besonders die überwältigende Eindringlichkeit der Tafeln des *Isenheimer Altars* im Unterlinden-Museum, aber nicht weniger das schlichte bäuerliche Kruzifix, das er überrascht im «Herrgottswinkel» einer Freiburger Gaststube hängen sah.

Dies und anderes mehr waren Schätze, die auf Henri Nouwen eine starke Anziehungskraft ausübten und ihn inspirierten.

Zu seinen Entdeckungen, wenngleich ganz anderer Art, gehörte auch die kleine, abgeschlossene Wohnung im Dachgeschoss unseres Hauses, die ihm spontan als ideale «Stadteremitage» (auf Zeit) erschien, in die er Monate später auch einzog, um wenige Wochen der Ruhe und Stille für die schriftstellerische Arbeit zu nutzen.

Die Wochen mit Henri Nouwen unter ein und demselben Dach lassen sich heute – mehr als zwanzig Jahre später – als Ursprung dieses Buches bezeichnen. Nachdem er täglich gegen Abend die Eucharistie gefeiert hatte, wurde das anschließende Zusammensein meist zum Höhepunkt eines Tages mit freundschaftlichem Austausch über «Gott und die Welt». Mit Entdeckerstolz stellte Henri Nouwen eines Abends den Ertrag des Tages vor: gut zwei Dutzend großformatige Kunstdruckblätter ausgesuchter Zeichnungen und Gemälde Vincent van Goghs, auf die er in einer alteingesessenen Freiburger Kunsthandlung – für ihn eine wahre Fundgrube – gestoßen war.

Mit Begeisterung und großem Kunstverständnis erklärte er uns nicht nur die meist menschlich-existenziellen Motive der Bilder, sondern auch deren tieferen Zusammenhang mit dem Leben des Künstlers; besonders in Verbindung mit den umfangreichen Briefwechseln, vor allem dem mit seinem Bruder Theo. In diesen kleinen «Abendseminaren» entzündete sich ein Funke, der auch den Anstoß gab zu einer kürzer gefassten Sammlung von Auszügen aus Briefen van Goghs für die damals gerade begonnene «Kleine Meditationsreihe», in der sie kurze Zeit später unter dem Titel *Worte wie Feuer* erschienen, einfühlsam zusammengestellt von Dr. Maria Otto.

Als Nachklang zu unseren Freiburger Van-Gogh-Gesprächen sandte mir Henri Nouwen bald nach seiner Rückkehr in die Vereinigten Staaten eine Kopie seines umfangreichen Aufsatzes *Compassion: Solidarity, Consolation and Comfort* (erschienen im März 1976 in der Zeitschrift «America») sowie die Manuskriptfassung eines Vortrags vor Seelsorgern, worin er das künstlerische Werk Vincent van Goghs unter dem geistlichen Blickwinkel des *Mitleidens* deutet, ergänzend dazu eine kleine Auswahl von Auszügen aus Briefen van Goghs.

Die Gespräche mit Henri Nouwen und seine Texte über Vincent van Gogh und dessen Werk waren für mich ein Geschenk, das mich den Künstler neu «mit dem Herzen erkennen» ließ. Heute zeigen sie mir deutlicher denn je, wie nahe Henri Nouwen Vincent van Gogh als Maler wie als Mensch stand, so dass er sagen konnte: «Je älter ich werde, desto mehr versuche ich, meiner Suche Sinn zu geben, und desto mehr wird mir Vincent van Gogh ein wirklicher Weggefährte. Ich betrachte ihn auf eigenartige Weise als ‹meinen Heiligen›.»

Es ist dasselbe «innere Feuer», das in beiden brannte und beide Frucht bringen ließ: Früchte der Menschenliebe, der Mitmenschlichkeit, des Mitleidens. Jahre nach Henri Nouwens plötzlichem frühem Tod sehe ich, dass die Geschichte «Der alte Mann und der Skorpion», mit der er seine spirituelle Deutung des Werkes van Goghs beginnt und ausklingen lässt, auch ein Gleichnis und ein Schlüssel für sein eigenes Leben und Handeln ist: «Der Skorpion, den der alte Mann [Vincent] retten wollte, hat ihn schließlich getötet.»

Wie Reinhold Schneider in *Winter in Wien* den Meister Vincent van Gogh als einen «Anwalt der Kohleträgerinnen, der Ausgestoßenen, am Wege verendenden Kinder des Reichs» bezeichnet, kann Henri Nouwen zweifellos ein Anwalt der von Angst und Leid Niedergedrückten, geistig wie körperlich Behinderten genannt werden, ein Zeuge gelebten Mitleidens, insbesondere durch seinen Dienst in der «Arche-Gemeinschaft Daybreak».

Die Texte, die ich im Nachklang unserer Gespräche über Vincent van Gogh damals als Zeichen der Freundschaft erhielt, gebe ich hier an die Leserinnen und Leser Henri Nouwens weiter und in der Form dieses Buches als Gegengeschenk an den Autor zurück. Es versammelt zusätzlich Kerntexte aus seinen Büchern, in denen der Grundton des «Mitleidens» mit dem Akkord «Solidarität, Trost, Stärkung» immer wieder anklingt, sowie im zweiten Teil «Worte wie Feuer» Auszüge aus Briefen van Goghs, die zum großen Teil aus dem oben genannten Band der «Kleinen Meditationsreihe» übernommen wurden, ergänzt mit Briefstellen van Goghs, die Henri Nouwen selbst für wichtig hielt.

Ich danke Sr. Sue Mosteller SC, der Nachlassverwalterin und engen Mitarbeiterin Henri Nouwens in der geistlichen Leitung der «Arche Daybreak», für die Zustimmung zu dieser Veröffentlichung und für ihr Vertrauen.

Sonnenblumen erhellten den Abschiedsgottesdienst für Henri Nouwen in der Catharijnekerk von Utrecht, seiner Heimatdiözese, Sonnenblumen hielten die Mitglieder seiner «Arche-Gemeinschaft Daybreak» bei der Begräbnisfeier in Toronto in den Händen, und Sonnenblumen schmückten dann seinen Grabhügel auf dem kleinen Friedhof unweit der «Arche Daybreak», die sein letztes irdisches Zuhause war.

Freiburg i. Br., im Sommer 2006 *Franz Johna*

Aus der Provence habe ich noch eine Zypresse mit einem Stern ... einen letzten Versuch: Ein Nachthimmel mit einem blassen Mond, die zunehmende Mondsichel tritt kaum aus dem dunklen Erdschatten heraus. Ein hell glänzender Stern ... in einem ultramarinblauen Himmel, an dem Wolken ziehen. Unten eine Straße, die von hohem gelbem Schilfrohr gesäumt ist. Hinten die blauen Voralpen, ein altes Gasthaus mit orange erleuchteten Fenstern und eine hohe Zypresse, ganz gerade, ganz dunkel. Auf der Straße ein gelber Wagen mit einem Schimmel, davor zwei verspätete Wanderer.

An Paul Gauguin, Auvers-sur-Oise, Juni 1890

Seite 14:
Zypressenweg unter dem Sternenhimmel
Auvers-sur-Oise, Mai 1890
Otterlo, Rijksmuseum Kröller-Müller

Erster Teil

Mitleidenschaft

von Henri Nouwen

I. Mitleiden als Mitmenschlichkeit

1. Der alte Mann und der Skorpion

Ein Freund erzählte mir eine Geschichte, die mir besser als jede jemals zuvor gehörte Erklärung verständlich machte, was Mitleid wirklich heißt. Deshalb möchte ich mit dieser Geschichte beginnen:

In Indien lebte einmal ein alter Mann, dessen Gewohnheit es war, jeden Tag zu früher Stunde unter einem großen Baum am Ufer des Ganges zu meditieren. Eines Morgens, als der Mann seine Meditation beendet hatte und die Augen aufschlug, sah er einen Skorpion hilflos in der Strömung treiben. Als der Skorpion in die Nähe des Baumes gelangt war, verfing er sich in dem weit in den Strom reichenden Wurzelwerk. Der Skorpion kämpfte wie besessen, um sich zu befreien. Aber je heftiger er sich hin und her warf, desto aussichtsloser verstrickte er sich im Wurzelgewirr.

Als der alte Mann die verzweifelten Befreiungsversuche des Tieres sah, legte er sich in seiner ganzen Länge auf eine in das Wasser reichende dicke Wurzel und griff mit ausgestreckter Hand nach dem zappelnden Skorpion, um ihn zu retten. Doch kaum hatte er ihn berührt, stach das Tier plötzlich zu. Instinktiv zog der alte Mann die Hand zurück. Aber nachdem er die Balance wieder gefunden hatte, streckte er noch einmal die Hand aus, um dem um sein Leben kämpfenden Skorpion zu helfen. Und wieder stach der Skorpion zu, sobald ihn der alte Mann zu fassen versuchte. So ging es fort, bis die Hände des alten Mannes durch die Stiche des giftigen Schwanzstachels anschwollen und bluteten. Mit schmerzverzerrtem Gesicht beobachtete er den immer noch im Wasser um sich schlagenden Skorpion.

In diesem Moment kam ein Wanderer des Wegs, sah den auf der Baumwurzel ausgestreckt liegenden und mit dem Skorpion kämpfenden alten Mann und rief ihm erstaunt zu: «He, Alter! Was ist mit dir? Nur ein Dummkopf riskiert sein Leben für ein hässliches, nutzloses Geschöpf. Du weißt wohl nicht, dass es dich das Leben kosten kann, wenn du meinst, diese undankbare Kreatur retten zu müssen?»

Der alte Mann hob bedächtig den Kopf, blickte dem Fremden ruhig in die Augen und erwiderte: «Mein Freund, sollte ich wegen der Natur des Skorpions, zu stechen, meine eigene Natur, zu retten, aufgeben?»

2. Das Talent des Mitleidens

Das ist also die Frage: Warum sollten wir unsere Natur, mitleidend zu sein, aufgeben, selbst wenn wir in einer beißenden, stechenden Welt gepeinigt werden?

Die Geschichte vom alten Mann und dem Skorpion enthält eine große Herausforderung an eine Gesellschaft, in der man uns glauben machen will, dass der Kampf einer gegen den anderen den menschlichen Entwicklungsprozess dominiert. Diese Geschichte fordert uns heraus zu beweisen, dass Umarmen menschlicher ist als Zurückstoßen, dass Küssen menschlicher ist als Beißen, Anblicken menschlicher als Anstarren, Freundschaft schließen menschlicher als Rivalisieren, Frieden stiften menschlicher als Krieg führen – kurzum: dass Mitleiden menschlicher ist als Zank und Streit.

Wie aber lässt sich ergründen, was das große menschliche Talent des Mitleidens näherhin bedeutet? Ich habe mich in der Vergangenheit wiederholt an Theologen, Psychiater, Psychologen und andere Fachleute gewandt und sie um Orientierung gebeten. Oft konnten sie mir Hilfe bieten und manche Anregung geben. Aber zugleich wurde mir eines klar: Würde ich mein Verständnis der menschlichsten aller Emotionen auf die Sichtweise der akademisch-wissenschaftlichen Welt stützen, würde ich etwas «verfachlichen», was jenseits von Ausbildung und Fachkenntnis liegt.

Wie verhält es sich aber mit den Künstlern? Können sie uns etwas über das Mitleiden lehren?

Da ich Holländer bin und selten Mitleid in so zu Herzen gehender Weise dargestellt gesehen habe wie in den Werken meines Landsmannes, des Malers Vincent van Gogh, möchte ich mich an ihn als Führer und Lehrmeister halten, um zu ergründen, was Mitleid bedeutet, und ich möchte dazu seine Gemälde und Zeichnungen wie auch die Briefe an seinen Bruder Theo als wichtigste Quelle heranziehen. Damit will ich nicht nur hervorheben, dass Mitleiden – auch Mitleiden mit einem Skorpion – zu den kostbarsten Idealen des Menschseins gehört, sondern auch aufzeigen, dass uns bei der Deutung dieses menschlichen Ideals ein bildender Künstler wie Vincent van Gogh ein einzigartiger Führer sein kann.

Wenn wir die Briefe Vincent van Goghs an seinen Bruder lesen und seine Gemälde betrachten, zeichnen sich drei Aspekte des Mitleidens ab: *Solidarität*, *Trost* und *Stärkung*.

Es heißt: «Selig die Barmherzigen» (Matthäus 5,7)[1], die Mit-Leidenden, weil Barmherzige, Mit-Leidende, ihre menschliche Solidarität zeigen, indem sie mit denen aufschreien, die leiden. Sie spenden Trost durch ein tiefes Fühlen der Wunden des Lebens. Und sie bieten dadurch Stärkung, dass sie auf Anzeichen von Kraft und Hoffnung jenseits des menschlichen Leids hinweisen.

In diesem Sinne möchte ich die drei Facetten des Mitleids – *Solidarität, Trost* und *Stärkung* – mit Hilfe von Worten und Bildern Vincent van Goghs zu erschließen versuchen, eines großen Künstlers, dessen Leben dem jenes Mannes glich, der sich in seiner ganzen Länge auf die Wurzel eines alten Baumes legte, um einen Skorpion zu ergreifen und dessen Leben zu retten.

3. Solidarität

Mitleid äußert sich vor allem im Wissen darum, Teil der Menschheit zu sein, im Bewusstsein vom Einssein des Menschengeschlechts, im inneren Erkennen, dass alle Menschen, zu welcher Zeit und an welchen Orten sie leben oder gelebt haben, durch ein und dieselbe menschliche Bedingtheit verbunden sind. Dieses innere Gefühl der Solidarität lässt die noch tiefere Verbundenheit mit der gesamten Schöpfung erahnen.

Auf den ersten Blick erscheint diese menschliche Solidarität nahe liegend. Dennoch ist leicht einzusehen, dass bei allen Familienzwistigkeiten, Rassenkonflikten, nationalen und internationalen Auseinandersetzungen das Bewusstsein dieser menschlichen Solidarität in den Hintergrund getreten ist und stattdessen auf Trennlinien geachtet wird.

Tatsächlich verwenden wir viel, wenn nicht gar die meiste Energie darauf, Unterschiede zwischen Personen und Menschengruppen herauszustellen und zu verteidigen sowie Definitionen von uns selbst zu verfechten, denen solche Aspekte des

Lebens zugrunde liegen, die uns Distanz zueinander halten lassen. Der größte Teil unseres Selbstverständnisses gründet meist darauf, wie und worin wir uns von anderen unterscheiden.

Es scheint so zu sein, dass wir unsere Unterschiede *sind*. Wir sind schneller, langsamer, klüger, geschickter oder freundlicher als dieser oder jene. Ein mitleidender Mensch hingegen ist die- oder derjenige, dessen Selbsteinschätzung nicht auf dem Anders-Sein beruht, sondern darauf, gleich zu sein.

Der Ausdruck «Mitleid(en)» (englisch *compassion*) ist eine Übersetzung des spätlateinischen *compassio*, griechisch *sympatheia*, das aus *pati* («leiden») und *cum* («mit») besteht, und ist wörtlich zu verstehen. Mitleid fordert uns heraus, dorthin zu gehen, wo man leidet, dort einzutreten, wo man Qualen erduldet, Zusammenbruch, Furcht, Ausweglosigkeit und quälende Angst mitzutragen. Mitleid fordert uns heraus, mit den Notleidenden aufzuschreien, mit den Verlassenen zu trauern und mit den Weinenden zu weinen. Mitleid verlangt von uns, mit den Schwachen schwach, mit den Verwundbaren verwundbar und mit den Ohnmächtigen ohnmächtig zu sein. Mitleidende Menschen sind vor allem diejenigen, die sich dazu bekennen, am menschlichen Los des Leidens teilzuhaben, und die bereit sind, anzuerkennen, dass der Ankergrund ihrer Identität in der Erfahrung des gemeinsamen Menschseins liegt.

Wie sehr diese Erkenntnis den Trappistenmönch Thomas Merton[2] ergriff, wird in den packenden Sätzen deutlich, die er nach einem kurzen Aufenthalt in Louisville, wo er die Menschen in einem lebhaften Geschäftsviertel beobachtet hatte, niederschrieb:

«... Wenn auch ‹nicht von dieser Welt›, so leben wir (Mönche) doch in derselben Welt wie alle anderen, in der Welt der Atombombe, der Welt des Rassenhasses, der Welt der Technik, der Welt der Massenmedien, der Wirtschaftsgiganten, der Revolution und all dessen, was es sonst noch gibt. Wir stehen dem allem anders gegenüber, da wir Gott gehören. Aber schließlich gehören auch alle anderen Gott ... Zu spüren, dass hier ein illusorischer Unterschied von mir abfiel, war für mich eine so große Erleichterung und Freude, dass ich fast laut herausgelacht hätte, und ich glaube, mein Glück hätte sich in diesen Worten Luft machen können: ‹Gott, ich danke dir, ich danke dir, dass ich wie die anderen Menschen bin, dass ich nur ein Mensch unter anderen *bin* ...› Es ist herrlich, dazu bestimmt zu sein, der Menschheit anzugehören, mag sie auch ein Geschlecht sein, das vielen Torheiten verfallen ist und viele schreckliche Fehler macht: aber trotz alledem hat Gott selbst seine Ehre darin gesehen, Mensch zu werden! Was für ein Gedanke, dass solch eine Binsenwahrheit sich auf einmal so ausnehmen sollte, als verkünde sie einem, man habe in einer kosmischen Lotterie das Große Los gewonnen!»[3]

Der entscheidende Punkt für Thomas Merton war nicht die Erkenntnis, dass wir uns nicht allzu sehr von anderen unterscheiden, sondern die Tatsache, dass das vollständige Bejahen unseres Gleichseins unser tiefstes Selbstverständnis zum Ausdruck bringt. Was demnach zählt, ist nicht bloß das Akzeptieren, nicht anders zu sein als andere, sondern das Verlangen, ganz und gar und so tief wie möglich an diesem menschlichen Gleichsein teilzuhaben.

Genau hier liegen die Wurzeln der Genialität des Malers Vincent van Gogh, der am 30. März 1853 in Groot-Zundert in Brabant geboren wurde und am 29. Juli 1890 in Auvers-sur-Oise bei Paris starb. Ein großer Teil seiner Jugend war vom inneren Ringen darum gekennzeichnet, Maler oder Seelsorger zu werden. Es besteht aber kein Zweifel, dass er in *beiden* Berufen einen

Weg suchte, den Armen, den Unterdrückten und Getretenen nahe zu sein.

Schon als Angestellter in einer Kunsthandlung, zuletzt in Paris, schrieb Vincent seinem Bruder Theo: «Lass uns für unseren Teil im Leben darum bitten, Arme im Reich Gottes zu werden, Diener Gottes.»[4]

Als Vincent fünfundzwanzig Jahre alt war, ging er nach Amsterdam, um sich auf das Examen für das Theologiestudium vorzubereiten. Nachdem er aber den vorgeschriebenen Studienfächern immer weniger Interesse abgewinnen konnte, sagte er seinem Lehrer: «Glauben Sie im Ernst, dass solcher Widerwille unbedingt notwendig ist für einen Mann, der das tun möchte, was ich mir wünsche: armen Geschöpfen Frieden zu geben und sie mit ihrem Dasein auf Erden zu versöhnen?»

Vincent van Gogh hielt nicht viel vom Studium an der Theologischen Fakultät. Er wollte lieber das tun, was er «einen unentgeltlichen Lehrgang an der großen Universität des Elends»[5] nannte. Später noch schrieb er seinem Bruder Theo: «Ich sterbe lieber eines natürlichen Todes als mich an der Universität [auf das Predigeramt] vorzubereiten. Ich habe einmal bei einem Wanderarbeiter eine Lehrstunde gehabt, die mir nützlicher schien als eine Stunde Griechisch.»[6]

Nach einem Schnellkurs an einer Missionsschule in Brüssel erhielt Vincent schließlich die Erlaubnis zu einer unentgeltlichen Tätigkeit auf Probe als Prediger im Borinage, einem trostlosen belgischen Kohlerevier westlich von Mons. «Die Dörfer hier haben etwas Verlassenes … und Ausgestorbenes an sich», berichtete er Theo, «weil sich das Leben unter der Erde statt auf der Erde abspielt … Die Leute sind sehr ungebildet und unwissend, können meistens nicht lesen. Doch zugleich sind sie klug … und fleißig ... mutig und frei ... Sie hegen einen ... tiefen Hass und ein starkes Misstrauen gegen jeden, der sich ihnen gegenüber als Herr aufspielen möchte ... Es sind Fälle von Typhus und einem bösartigen Fieber vorgekommen ... Es gibt hier viele kranke, bettlägerige Leute, ausgemergelt, schwach und elend ... Sie haben nur wenig Hilfe oder gar keine, so dass ‹hier die Kranken die Kranken pflegen müssen›.»[7]

Ein anderes Mal schrieb er Theo aus dem Borinage: «Wenn wir die Bilder der unbeschreiblichen, unsagbaren Trostlosigkeit, der Einsamkeit, der Armut und des Elends sehen, das Ende aller Dinge oder ihr Äußerstes, dann regt sich in unserem Verstand der Gedanke an Gott. Wenigstens mir geht es so ...»[8]

Vincent ging es in den knapp zwei Jahren bei den Grubenarbeitern nicht so sehr darum zu predigen, zu lehren oder zu bekehren, ebenso wenig wie deren Lebensbedingungen zu verändern. Er betrachtete diese Zeit vielmehr als Gelegenheit, zur Erfahrung einer tiefen Solidarität mit den Armen zu gelangen. Er legte seinem Bruder dar: «Wenn ich ungefähr drei Jahre in diesem Distrikt in Ruhe arbeiten könnte und dabei immer lerne und beobachte, dann würde ich nicht zurückkehren, ohne etwas zu sagen zu haben, was wirklich wert wäre, gehört zu werden. Ich sage das in aller Demut, doch mit Vertrauen.»[9]

Als Vincent nach vielen Enttäuschungen im Borinage schließlich erkannte, dass er Maler und nicht Prediger, das heißt Seelsorger, werden sollte, änderte sich sein Werdegang dramatisch, wenngleich seine Berufung dieselbe blieb. «Was ich will und anstrebe», schrieb er seinem Bruder Theo, «ist verdammt schwer, und doch glaube ich nicht, dass ich zu hoch hinaus will. Ich möchte Zeichnungen machen, die einige Leute *anrühren* ... Ich möchte soweit kommen, dass Leute von meiner Arbeit sagen: er

*Nie habe ich eine so gute Hilfe gehabt wie diese ...
verblühte Frau. Für mich ist sie schön ...
Das Leben ist über sie hinweggegangen,
Leid und Unglück haben sie gezeichnet ...*

Rappard 8, Den Haag, Mai 1882

Sorrow (Kummer)
Den Haag, 6./11. November 1882
Amsterdam Rijksmuseum Vincent van Gogh
Vincent-van-Gogh-Stiftung

1re epreuve

fühlt tief, er fühlt zärtlich – trotz meiner angeblichen Grobheit, vielleicht gerade darum. Es ist jetzt wohl noch zu anspruchsvoll, so zu sprechen, aber das ist der Grund, weshalb ich alle Kraft dafür einsetzen will.

Was bin ich in den Augen der meisten Leute? Eine Null oder ein exzentrischer und unangenehmer Mensch, jemand, der keine Stellung in der Gesellschaft hat und nie haben wird, kurz, der Niedrigste unter den Niedrigen. Nun gut, selbst wenn es so wäre, dann würde ich gern durch meine Arbeit zeigen, was *im Herzen* so eines Außenseiters, so eines Niemands ist. Das ist mein Ehrgeiz, der trotz allem weniger auf Groll als auf Liebe, mehr auf Gelassenheit als auf Leidenschaft gegründet ist.»[10]

Darin also bestand Vincents Berufung: Menschen *anzurühren* durch zärtlichen Ausdruck seiner Solidarität mit den Lebensbedingungen der Menschen – und dies nicht aus einem Beweggrund von Groll, sondern angetrieben durch Liebe. Für dieses Ziel wollte er sein Leben einsetzen. Ihm war bewusst, dass der Weg zu menschlicher Solidarität ein schmerzlicher Weg ist und gesäumt von Trauerweiden.

Sobald Vincent aber sein Lebensziel erkannt hatte, konnte ihn nichts, absolut nichts mehr davon abbringen. Er sagte: «Ich habe *nicht* vor, mich zu schonen, noch Aufregungen oder Schwierigkeiten auszuweichen, denn es ist mir ziemlich egal, ob ich länger oder kürzer lebe ... Ich lebe also weiter als ein Unwissender, der nur dies eine weiß: *Innerhalb weniger Jahre muss ich ein bestimmtes Werk vollbringen* ... Die Welt geht mich nur insoweit an, als ich ihr gegenüber eine gewisse Pflicht und Schuldigkeit empfinde, bin ich doch dreißig Jahre lang auf dieser Erde herumgestapft, und weil ich aus Dankbarkeit ein Andenken in Form von Zeichnungen oder Gemälden hinterlassen möchte – nicht um einem gewissen Kunstgeschmack zu entsprechen, sondern um ein aufrichtiges menschliches Empfinden zum Ausdruck zu bringen. Dieses Werk ist mein Ziel – und wenn man sich auf diese eine Idee konzentriert, wird alles einfacher … So betrachte ich mich selbst als einen, der in wenigen Jahren etwas mit Herz und Liebe vollbringen muss.»[11]

«Ein aufrichtiges menschliches Empfinden zum Ausdruck zu bringen», war Vincent van Goghs sehnlicher Wunsch, nicht nur als Prediger, sondern auch als Maler. Es ist ein äußerst schwieriges, mühevolles Unterfangen und verlangt endlose Geduld. «Was ist Zeichnen?», fragte er sich und gab darauf die Antwort: «Es ist ein Sich-Durcharbeiten durch eine unsichtbare eiserne Wand, die zwischen dem, was man fühlt, und dem, was man tun kann, zu stehen scheint.»[12]

Zu mitleidender Solidarität zu gelangen war für Vincent wie das Durchbrechen einer eisernen Wand. Es war qualvoll und aufreibend, aber auch erhebend schön, wenn es gelang. In einem Moment der Entzückung schrieb er Theo: «In jenen Perspektiven ist manchmal etwas Unbeschreibliches: die ganze Natur scheint zu sprechen … Ich kann nicht verstehen, dass es nicht jeder sieht und fühlt. Die Natur und Gott tun es für jeden, der Augen und Ohren hat und ein Herz, um zu verstehen.»

Somit zeigt sich, dass Mitleid vor allem anderen Solidarität bedeutet. Und in dieser Hinsicht besteht in der Tat kein Unterschied zwischen dem Seelsorger und dem Maler. Beide wollen den Menschen anrühren, und beide spüren die Pein der Distanz, die oft schwer zu überbrücken ist. «In unserer Seele kann ein großes Feuer brennen», schrieb Vincent seinem Bruder aus dem Borinage, «und doch kommt nie jemand, um sich daran zu wärmen; die Vorübergehenden sehen nur eine leichte Rauchwolke aus dem Kamin aufsteigen und gehen ihres Weges. Sieh, was kann man dabei tun? Muss man das innere Feuer schüren, Salz in sich haben, geduldig und dennoch mit welch großer Ungeduld auf die Stunde warten, in der jemand kommt und sich hinsetzt, um vielleicht zu bleiben? Mag der, welcher an Gott glaubt, auf die Stunde warten, die früher oder später kommen wird.»[13]

Das ist zweifellos Solidarität, doch keine einfache Solidarität. Vielmehr zur Reife gelangte Solidarität, gereift in geduldigem Warten und treuem Festhalten an dem großen Ruf, der zu sein, der man ist.

4. Trost

Das zweite Merkmal des Mitleidens ist der Trost. Haben wir unser Bestreben, anders zu sein als andere, aufgegeben, und sind wir uns unserer inneren Solidarität mit dem Geschick der Menschen bewusst geworden, dann kann Trost zum Ausdruck kommen. Solidarität stellt nur eine Voraussetzung des Mitleids dar; Solidarität lässt uns die innere Dynamik des Mitleids besser verstehen.

Wenn es ein Wort gibt, das eine Aufwertung verdient, dann ist es das Wort *Trost*, das meist keinen allzu erfreulichen Klang hat. Neigen wir doch dazu, mit Trost in erster Linie etwas Negatives zu verbinden. Wer Trost braucht, scheint an einem Tiefpunkt angekommen zu sein. Trost steht unter dem Verdacht, Schmerz zu verbergen, ein unbewältigtes Problem zu verdrängen, an wunde Stellen nicht zu rühren; Trost, ein Zeichen dafür, mit einer unabänderlichen Gegebenheit nicht fertig zu werden. Der «Trostpreis» ist ein vielsagendes Beispiel für den niedrigen Rang dieses Wortes. Der Trostpreis ist ein wohlfeiler Ersatz, der helfen soll, sich leichter mit der Tatsache abzufinden, der Looser, der Verlierer zu sein.

Als wesentliche Komponente des Mitleids bedeutet Trost jedoch nicht das Vermeiden von Schmerz, sondern – so paradox es erscheinen mag – das Vertiefen eines Schmerzes bis zu dem Punkt, an dem er geteilt werden kann. Das lateinische Wort *consolatio* für Trost, das aus *cum solo* abgeleitet ist, verdeutlicht, dass Trost das Alleinsein mit dem einsamen Nächsten verlangt, ja genau dort – und nirgendwo sonst –, wo er einsam und allein ist.

Sagen wir einem Leidenden: «Weine nicht! Es gibt noch so viel Gutes in deinem Leben», oder: «Bemüh dich zu vergessen, denk an etwas Erfreulicheres!», oder: «Morgen sieht die Welt schon wieder anders aus!», versuchen wir, mit solch gut gemeinten Worten Trost zu spenden, dann möchten wir im Grunde irgendwo anders sein als dort, wo diese Person gerade ist. Dann möchten wir mit dem einsamen Nächsten nicht allein – cum solo – sein, sondern möchten, dass er sich mit uns an den Ort begibt, an dem es nicht so sehr schmerzt.

Eine durchaus verständliche Einstellung. Denn wer möchte schon an einem schmerzlichen Ort verweilen? Wer möchte schon mit einem anderen die Wunden des Lebens zu spüren bekommen? Wer möchte schon daran erinnert werden, dass auch er keine Antwort hat, dass auch er schwach und machtlos ist, dass auch er letzten Endes in seinem Bemühen scheitern wird, den unvermeidlichen Zerfall des Lebens beeinflussen zu können.

Der international angesehene Psychologe Erik H. Erikson hebt in seinem Buch *Lebensgeschichte und historischer Augenblick* hervor, dass der erfahrene Arzt und Heiler (Erikson denkt insbesondere an den praktizierenden Psychoanalytiker), wenn er die

Möglichkeit sieht, die Ängste seines Patienten zu lindern, ihn tatsächlich gerade ermutigt, sich der erschreckenden Gegebenheit seiner Sterblichkeit zu stellen. Jenseits von Furcht und Angst stehe der Schrecken, die existentielle Erkenntnis, dass wir uns vor einem Abgrund befinden.

Es sei ein Paradox menschlichen Behandelns und Heilens, dass wir mit dem Wegnehmen der Schmerzen und Ängste unseres täglichen Lebens auch die Entschuldigung dafür entziehen, uns nicht mit der letzten Gegebenheit unseres Daseins auseinanderzusetzen. Auf diese Weise laden wir einander ein, uns zu konfrontieren: nicht mit irgendeinem Problem, sondern mit dem Geheimnis des Seins.

Obwohl wir uns hinsichtlich der Art und Intensität unserer Ängste voneinander unterscheiden und wir aufgrund dieser Unterschiede als Patienten und Heiler in Beziehung zueinander treten können, sind wir, wenn das Erschrecken eintritt, in unserem grundsätzlichen Alleinsein gleich. Genau an diesem geheimnisvollen Ort werden wir einander zum Seelsorger.

Trost spenden bedeutet, sich an diesen geheimnisvollen Ort des Erschreckens zu begeben, an dem wir Zusammengehörigkeit erfahren – jenseits aller menschlichen Furcht und Angst, die uns voneinander trennen können. Erikson sagt dazu: «Jenseits von Angst und Furcht sehen wir uns vielleicht einem Erschrecken gegenüber, das universelle Kräfte des Glaubens und der gegenseitigen Verbundenheit zu wecken vermag.»[14]

Trost spenden bedeutet somit auch, alles menschliche Leid und allen Schmerz als Gefährten unserer grundsätzlichen menschlichen Gebrochenheit, Verwundbarkeit und Sterblichkeit anzusehen. Trost spenden erfordert kein Beherrschen einer Technik zur Linderung von Schmerzen, sondern verlangt den

Mut, sie bis zu dem Punkt zu vertiefen, an dem sie als unterschiedliche Ausdrucksformen unseres gleichen mit Schrecken erfüllten Geschicks geteilt werden können.

In der Person Vincent van Goghs sehen wir eines der bewegendsten Abbilder des Trostes. Als Vincent das Borinage verließ, wo er in engem Kontakt mit den Grubenarbeitern lebte, wählte er nicht den Werdegang eines gesuchten, *hörens*werten Predigers, sondern eines *sehens*werten Malers. Sein anschließender Aufenthalt in Holland war eine Periode, in der er hunderte von Zeichnungen und Gemälden schuf und ständig darum rang, in die Tiefe der menschlichen Seele vorzudringen. Er hatte gelernt, eine tiefe Solidarität mit den Armen, Unterdrückten und Getretenen zu empfinden. Diese Solidarität wurde die Grundlage seines Trost spendenden Werkes.

In der Zeit von April 1881 bis April 1885 rang Vincent van Gogh unerbittlich darum, mit dem Herzen des Lebens, so wie er es in den «Armen im Geiste» erkannte, in Berührung zu kommen. Er zeichnete in Etten einen Sämann, ein Mädchen mit einem Besen, eine Frau beim Kartoffelschälen, einen sich auf seinen Stab stützenden Schäfer und viele dunkle Ansichten der Landschaft. Hier skizzierte er auch einen kranken, auf einem Stuhl neben einer Feuerstelle sitzenden Bauern, der die Ellenbogen auf die Knie gestützt hat und den Kopf mit beiden Händen hält; ebenso einen alten Mann, unter den er einfach *Worn out*, «Erschöpft», schrieb.

Obwohl ich krank war,
habe ich noch ein paar kleinere Bilder aus dem Kopf gemalt …
Erinnerungen an den Norden – einen alten kranken Bauern,
der auf einem Stuhl sitzt, den Kopf in den Händen
und die Ellenbogen auf die Oberschenkel gestützt.

(629) Arles, 29. April 1890

(150) Etten, September 1881

Trauernder alter Mann
Saint-Rémy, April–Mai 1890
Otterlo, Rijksmuseum Kröller-Müller

Als Vincent anschließend nach Den Haag umgezogen war, wählte er eine Prostituierte und mehrmals einen alten *Waisenmann*[15] als Modelle. Hier schuf er auch die Bleistiftzeichnung *Sorrow*, «Kummer», die die herzzerreißende Einsamkeit, Verlorenheit und Schutzlosigkeit einer Frau in ihrer Nacktheit zeigt. In Drenthe, einem Ort in der düsteren Torfgegend Osthollands, faszinierte Vincent van Gogh das viele Grau und Schwarz, das die Pflüge und Schäfer mit der Erde dieser Landschaft verschmolz.

Nach Nuenen in Südholland zurückgekehrt, wohin seine Eltern gezogen waren, entdeckte er die scharfen Gesichtszüge hungernder Menschen. Nach endlosen Studien von Köpfen und Gegenständen malte er schließlich das Hauptbild jener Zeit, die berühmten *Kartoffelesser*. Als er dieses Bild seinem Bruder Theo schickte, konnte er mit Recht sagen, dass es «ein echtes Bauernbild» ist: «Ich habe mich sehr angestrengt, den Betrachter auf den Gedanken zu bringen, dass diese einfachen Leute, die bei ihrer Lampe Kartoffeln essen, mit denselben Händen, mit denen sie in die Schüssel langen, auch die Erde umgegraben haben; das Bild spricht also von *ihrer Hände Arbeit* wie auch davon, dass sie ihr Essen redlich *verdient* haben. Ich wollte, dass es an eine ganz andere Lebensweise erinnert als an die von uns Gebildeten.»[16]

Vincent van Gogh versuchte in der Tat, über die Furcht und die Ängste der Menschen hinauszugehen, um in seinen Zeichnungen an den tiefen menschlichen Kummer und Schmerz zu rühren, der alle vereint. Für ihn bedeutete Zeichnen, das darzustellen, was seine Mitmenschen miteinander verbindet.

Aus Den Haag schrieb er seinem Bruder Theo: «Zwar bin ich oft im größten Elend, doch noch dann sind eine ruhige, reine Harmonie und Musik in mir. In den ärmsten Hütten, im schmutzigsten Winkel sehe ich Zeichnungen und Bilder. Und zu diesen Dingen zieht es mich unwiderstehlich hin.»[17]

Vincent wollte zum tiefen, verborgenen menschlichen Leid vordringen und es an die Oberfläche holen, um es sichtbar zu machen; aber nicht um uns zu erschrecken, sondern um uns zu trösten. Er schrieb: «Ich spüre, dass mein Werk im Herzen der Leute liegt, dass ich ganz in Erdennähe bleiben muss, dass ich das Leben in seinen Tiefen ergreifen und durch viel Sorgen und Mühen Fortschritte machen muss.»[18] Ihm war bewusst, was ihm diese Berufung abverlangen würde.

Wenn er durch das Ergreifen des Lebens «in seinen Tiefen» Trost spenden wollte, konnte er dem Risiko des eigenen Lebens in Schmerz und Leid nicht ausweichen. Mit einem kraftvollen Bild schrieb er Theo: «Dem Steuermann gelingt es manchmal, einen Sturm zu nutzen und Fahrt zu gewinnen, statt von ihm zum Kentern gebracht zu werden. Was ich dir noch einmal sagen möchte ist: ... Wenn in mir für einen Augenblick der Wunsch nach einem Leben ohne Sorge, nach *Erfolg* aufkommt, kehre ich jedes Mal mit Liebe zu den Mühen und den Sorgen zurück, zu einem Leben voller *Beschwerden* und denke mir: es ist besser so; ich lerne mehr davon, es erniedrigt mich nicht, das ist nicht der Weg, auf dem man zugrunde geht.»[19]

Vincent van Gogh widerstand beharrlich der Versuchung, auf billige Art und Weise zu gefallen, sich an der Oberfläche des Lebens aufzuhalten, falsche Heiterkeit oder unechte Melancholie darzustellen. Freude und Leid stehen bei ihm in einer geheimnisvollen Verbindung miteinander und können nie vollständig voneinander getrennt werden.

Als er seinem Bruder zwei Skizzen sandte – einen Blick auf den Strand von Scheveningen und ein Waldstück bei Den Haag –, schrieb er dazu: «Wie du siehst, ergibt das Blond in der kleinen Skizze vom Strand eine zarte Wirkung, und das Waldstück hat eine mehr düstere, ernste Tönung. Ich bin froh, dass es im Leben beides gibt.»[20]

Freude und Leid, Licht und Dunkel, Lebenslust und Todesqual darzustellen, darin bestand seine Aufgabe des Tröstens. Und intuitiv wusste er in all den Jahren, in denen niemand seinen Werken Beachtung schenkte, dass eines Tages die Menschen sein künstlerisches Talent des Tröstens entdecken würden. Gerade aufgrund seines unerbittlichen Ringens darum, das Herz der Menschen und deren Lebenswelt zu erreichen, war er überzeugt, dass eines Tages eine Antwort kommen würde.

So schrieb er seinem Bruder: «Ich kann nichts dafür, dass meine Bilder sich nicht verkaufen. Doch die Zeit wird kommen, wo man sehen wird, dass sie mehr wert sind als die Kosten für die Farben und für mein immerhin recht kümmerliches Leben, die dafür aufgebracht werden … Es martert mich, dass jetzt keine Nachfrage dafür besteht, weil Du darunter leidest, doch soweit es mich betrifft – wenn nur Du nicht zu sehr bekümmert bist, dass ich nichts einbringe –, so ist es mir ziemlich egal … Wir wollen unsere vollkommene Gleichgültigkeit gegenüber dem Erfolg bewahren.»[21]

Trösten verlangt in der Tat ein aufrichtiges Ringen, um in das Innerste menschlicher Gebrochenheit vorzudringen; aus dieser innersten Gemeinsamkeit kann Mitleid zum Ausdruck kommen.

5. *Stärkung*

Die dritte Komponente des Mitleids ist die Stärkung. Solidarität im Leiden – selbst wenn dies auch eine Vertiefung des Schmerzes bis zu dem Punkt verlangt, an dem wirkliche Teilnahme möglich ist – führt nicht zu gemeinsamer Wehklage *(com-miseration)*, sondern zu gemeinsamer Stärkung *(com-fort)*. Selig, die einander in Schwachheit umarmen, denn sie werden das Land besitzen. Sie werden die Erfahrung eines Neubeginns machen.

Wenn wir das große menschliche Risiko des Mit-Leidens, des gemeinsamen Leidens, eingehen, wenn wir es wagen, unserer mit Schrecken erfüllten Einsamkeit gemeinsam gegenüberzutreten, dann wird neues Leben offenbar. Die tröstende Geste der Liebe hebt die Vereinzelung auf und schafft einen Raum, in dem «zwei Einsamkeiten einander schützen, grenzen und grüßen» (R. M. Rilke)[22].

Solange wir versuchen, Schmerz zu vermeiden, meiden wir das Leben; solange wir an der Illusion festhalten, uns selbst zu genügen und unabhängig zu sein, brauchen wir Waffengewalt; solange Macht unser Streben ist, kann nur Zerstörung der Lohn sein. Doch Solidarität und Trost sind der Quell der Stärkung. Darin liegt das große Geheimnis des Mitleids.

Ist der Erdboden aufgebrochen, kann neuer Same ausgesät werden. Ergreift eine ausgestreckte Hand die andere, wird Freundschaft bekundet. Berühren sich Lippen, wird Liebe offenbar. Treten Menschen einander offen gegenüber, verfliegen Spannungen, verdrängt ein Lächeln Tränen und etwas Neues und ewig Frisches wird spürbar. Wo Schwache einander Gefährten sind, entsteht tatsächlich neues Leben. Aus dem tröstenden Sich-Hingeben von Mann und Frau in völliger Verwundbarkeit wird Liebe Fleisch, und das ist der kostbarste Ausdruck menschlicher Stärkung.

Daher ist Stärkung die große menschliche Gabe, die Gemeinschaft stiftet. Menschen, die in gegenseitiger Verwundbarkeit zusammenkommen, werden durch eine neue Kraft miteinander verbunden, die sie zu einem Leib werden lässt. Solidarität und Trost führen nicht zu gemeinsamem Wehklagen, zu lähmendem Sich-Bedauern oder gegenseitigem Bejammern. Solidarität und Trost weisen vielmehr auf jene Gemeinschaft hin, in der wir durch das gegenseitige Bekennen unserer Schwachheit und das gegenseitige Annehmen des Leids einander stärken. Indem wir gemeinsam in den Abgrund menschlicher Einsamkeit blicken, erfahren wir nicht Verzweiflung, sondern Stärkung. Stärkung nimmt uns nicht das Leid, noch mindert sie die Schrecken des Daseins. Ebensowenig vermag Stärkung uns die grundsätzliche menschliche Einsamkeit zu nehmen. Stärkung gibt uns vielmehr die Kraft, gemeinsam der Realität des Lebens nicht wie einem unausweichlichen Schicksal zu begegnen, sondern wie der unerschöpflichen Quelle für neues Verstehen.

Eines der erstaunlichsten Talente Vincent van Goghs war seine Fähigkeit, Stärkung zu geben. Kurz bevor er als Prediger in das Borinage ging, sprach er ausdrücklich von der Auferstehung als der großen Quelle der Hoffnung. Bei der Erklärung eines Blattes aus einer Reihe von Stichen mit dem Titel «Das Leben eines Pferdes», das ihm noch als Gehilfe in einer Pariser Kunsthandlung in die Hand gekommen war, schrieb er: «[Das Blatt] hat mich doch sehr bewegt und beeindruckt ... Es stellt einen alten Schimmel dar, abgemagert, ausgemergelt und zu Tode erschöpft durch ein langes Leben voll schwerer Arbeit ... Über dem Ganzen ein sturmbewegter Himmel ... eine düstere Stimmung ... Es ist eine traurige und melancholische Szene, die jeden betroffen machen muss, der weiß und fühlt, dass auch wir einmal durch das Tal des Todes hindurch müssen und ‹dass das Ende des Menschenlebens Tränen oder weiße Haare sind›. Was danach kommt, ist ein großes Geheimnis, das nur Gott kennt. Doch er hat durch sein Wort unumstößlich offenbart, dass es eine Auferstehung der Toten gibt.»[23]

Vincent van Gogh schrieb diese Sätze, als er fünfundzwanzig Jahre alt war. Danach erwähnte er die Auferstehung nicht mehr ausdrücklich. Tatsächlich wurden ihm die Kirche und ihre Sprache fremd. Dennoch wage ich zu sagen: Wenn bei Vincent auch der Begriff «Auferstehung» in den Hintergrund trat, wurde die Erfahrung eines ewigen Lebens mehr und mehr Teil seines inneren Lebens. Vincent van Gogh suchte in der Tat bewusst das Ewige.

Als er seinem Bruder den ersten Andruck seiner Lithographie *Waisenmann*[24] sandte, schrieb er dazu: «Mir erscheint es als eine Pflicht des Malers, zu versuchen, *eine Idee in sein Werk zu legen.* Auf diesem Blatt wollte ich ausdrücken (aber ich kann es nicht so schön, so treffend sagen wie die Wirklichkeit, von der dies nur ein schwacher Widerschein in einem dunklen Spiegel ist), was mir als einer der stärksten Beweise für ‹quelque chose là-haut› (etwas dort oben)… nämlich für die Existenz Gottes und die Ewigkeit erscheint, das ist der unendlich rührende Ausdruck so eines kleinen alten Mannes, dessen er sich wohl kaum bewusst ist, wenn er still in seinem Winkel am Ofen sitzt.»

Das ist durchaus keine süßliche Sentimentalität oder ein letzter Nachklang seiner Aufenthalte in Pastorenhäusern. Im Gegenteil, es ist das brennende Feuer, das immer heftiger aufloderte, als er das Malen in die wirbelnden und glühenden Landschaften von Arles und Auvers verlegte. «Zugleich ist da etwas Edles, etwas Großes», schrieb er weiter im selben Brief, «das nicht für die Würmer bestimmt sein kann … Da ist fern von aller Theologie einfach die Tatsache, dass der ärmste kleine Holzfäller, Heidebauer oder Grubenarbeiter Augenblicke einer Gemütsregung und Inspiration haben kann, die ihm das Gefühl einer ewigen Heimat geben, der er nahe ist.»[25]

Ende November 1885 verließ Vincent van Gogh die düstere holländische Landschaft und zog nach einem kurzen Winteraufenthalt in Antwerpen im März 1886 zu seinem Bruder nach Paris, mit dem er zwei Jahre in einer bescheidenen Wohnung am Montmartre zusammenlebte. Hier fesselten ihn die leuchtenden, heiteren Farben der Großstadt und ihrer Umgebung. Hier entdeckte er die spirituelle Schönheit japanischer Farbholzschnitte, die dort im Umlauf waren. Hier schuf er zahlreiche Blumenstudien und Stillleben, und hier fand er Kontakt zu großen, ihn inspirierenden Pariser Maler-Persönlichkeiten wie Gauguin, Toulouse-Lautrec, Seurat und anderen.

Als Vincent van Gogh sich dann im Februar 1888 praktisch über Nacht entschloss, dem Stadtleben den Rücken zu kehren und aufs Land zu ziehen, doch nicht zurück in den Norden, nach Holland, sondern nach Arles, in die Helle und Wärme Südfrankreichs, schien alles in den Tiefen seiner Seele verborgene Licht hervorzubrechen und sich auf alles zu werfen, was er sah.

Voller Begeisterung schrieb er Theo: «Es ist, als würde die Natur zu brennen beginnen. In allem ist Altgold, Bronze, Kupfer … Jetzt gerade haben wir eine gloriose, große Hitze, keinen Wind, genau das, was ich brauche. Da ist eine Sonne, ein Licht, das ich mangels eines besseren Wortes nur gelb nennen kann, blasses Schwefelgelb, blasses Zitronengold. Wie schön ist doch dieses Gelb!»[26]

Mit Blick auf die Menschen erklärte er: «In einem Bild möchte ich etwas Tröstliches sagen, so wie Musik tröstlich ist. Ich möchte Männer und Frauen mit etwas von diesem Ewigen malen, das der Heiligenschein zu symbolisieren pflegte, und das wir durch das wirkliche Strahlen und Vibrieren unserer Farbgebung einzufangen suchen.»[27]

Ist es dann verwunderlich, dass die vielen Menschen, die heute von den Gemälden und Zeichnungen van Goghs angezogen werden, in ihm viel mehr sehen als einen außergewöhnlich begabten Maler? Vincents Neffe, Theos einziger Sohn, dem ich als Fünfundachtzigjährigem begegnete, sagte, dass die Menschen, die seine Bilder betrachten, in ihnen Stärkung fänden.

Zeit seines Lebens wurde der Maler von den meisten Leuten als unangenehmer Sonderling angesehen, der kaum einen Freund hatte und sicherlich kein Ansehen besaß. Tatsächlich war Vincent sehr misstrauisch und hatte sogar Angst davor, berühmt zu werden. Doch derselbe Vincent van Gogh ist heute vielen Generationen von Menschen in aller Welt durch seine Gemälde, Zeichnungen und Briefe ein geistlicher Begleiter und Tröster geworden.

Sein Neffe, der ebenfalls Vincent hieß, versuchte, dieses Phänomen wie folgt zu erklären: «Vincent vermochte den Leuten sozusagen unter die Haut zu dringen, selbst ganz einfachen und schlichten Leuten, und im Tiefsten ihrer Seele etwas Schönes zu sehen, das wert war, gemalt zu werden.» Und er fügte hinzu: «Wenn die Leute kommen und die Bilder von Vincent sehen, sagen sie oft: ‹Er versteht wirklich›, und sie fühlen sich gestärkt.» Die Frage, «die einzige bange Sorge», die Vincent schon im Borinage bewegte: «Wie kann ich nützlich sein in der Welt? Kann ich irgendeinem Zweck dienen und zu etwas gut sein?», hat hier ihre Antwort gefunden.[28]

Das große Paradox scheint darin zu bestehen, dass Vincents tröstender Dienst deshalb wahrgenommen wird, weil er mehr ein kontemplativer Mensch war, der das Wesen der Dinge zu erfassen sucht, als ein aktiver Mensch, dem es daran liegt, Einfluss auszuüben. «Es ist eher unsere Aufgabe», schrieb er seinem Bruder, «die Dinge ihrer selbst wegen zu bewundern und zu kennen, als sie andere zu lehren. Aber das eine muss das andere nicht ausschließen.»[29]

Vincent van Gogh stärkt, indem er in erster Linie für sich selbst die innere Schönheit der Menschen und ihrer Welt entdeckte und aus den schmutzigsten Winkeln des Lebens einen Lichtstrahl aufscheinen ließ. Wer Augen hat zu sehen, wird dieses Licht erkennen und gewahr werden, dass alles Licht von derselben Sonne kommt.

Die *Sonne*, ja die Sonne! Mehr noch als die gedrängt um einen Tisch in einem düsteren Raum sitzenden *Kartoffelesser* ist es die Sonne, die van Gogh berühmt machte. Die Sonne, die ihr gleißendes Licht auf die Weizenfelder von Arles wirft; die Sonne, die als Feuerball hinter der dunklen Gestalt des *Sämanns* am Horizont versinkt; die Sonne, die in van Goghs aufrüttelndem Gemälde *Die Auferweckung des Lazarus* den Christus in Rembrandts gleichnamigem Bild ersetzt. «Ach», schreibt Vincent aus Arles an Theo, «wer hier nicht an die Sonne glaubt … der ist wirklich gottlos.»[30]

Die Sonne, Licht, das die Finsternis bannt; Licht, das Natur und Menschen aufleuchten lässt; Licht, das die Toten aus ihren Gräbern holt. Alle, die die Sonne van Goghs sehen, spüren Wärme und Stärkung und werden erfahren, dass Vincents Solidarität und sein Trost die Strahlen der großen Sonne in ihrem innersten Selbst zum Leuchten bringen. Sie werden erkennen, dass Vincent van Gogh ein mitleidender Mensch war.

6. Zur Mitleidenschaft berufen

Mit-Leiden ist unsere große, aber schwierige Berufung. Mit-Leiden fordert uns heraus, Solidarität zu zeigen, indem wir mit denen aufschreien, die leiden; zu trösten, indem wir gemeinsam in den mit Schrecken erfüllten Abgrund unserer Existenz blicken, und zu stärken, indem wir erste Lichtstrahlen aufleuchten lassen als Abglanz der großen Sonne, die uns alle am Leben erhält.

Ich habe einen Maler um Belehrung gebeten. Vincent van Gogh hatte selbst kein glückliches Leben. Im Innersten wusste er, dass er die Früchte seines Mitleidens nicht sehen würde. Er rechnete nicht damit, die Ergebnisse seines unermüdlichen Ringens zu sehen. Seinem Bruder schrieb er: «Man erwartet nicht außerhalb des Lebens, wovon man schon weiß, dass es das nicht geben kann; man beginnt immer deutlicher zu erkennen: Das Leben ist nur eine Zeit der Aussaat, und die Ernte ist nicht hier.»[31]

Schreckliche Phasen von Angst und Verwirrungsanfällen brachten Vincent zu der Bitte, in die Heilanstalt von Saint-Rémy aufgenommen zu werden, in die er sich dann im Mai 1889 begab. Von hier schrieb er seiner Schwester Willemien: «... Bei diesen Gedanken kommt mir der Wunsch, aber nur ganz von fern, mich zu erneuern, und Abbitte dafür zu tun, dass meine Bilder letzten Endes fast ein Angstschrei sind, obgleich sie in der bäuerlichen Sonnenblume Dankbarkeit symbolisieren mögen.»[32]

Nach einem Jahr in Saint-Rémy – in dem er eine Reihe seiner bedeutendsten Gemälde schuf –, kehrte Vincent nach Paris zurück, um seinen Bruder und seine Familie zu besuchen, reiste aber schon nach wenigen Tagen nach Auvers-sur-Oise weiter –

ein kleiner Ort unweit von Paris –, wo ihn der Landarzt Dr. Gachet, ein Freund der Maler und nebenbei selbst Graphiker, betreuen konnte. Hier setzte van Gogh mit unverminderter Energie sein Schaffen fort, malte Weizenfelder, Landschaften, Häuser, Gärten, Baumwurzeln, Bildnisse. Gut zwei Monate nach seiner Ankunft in Auvers ging er eines Abends ins Freie und schoss sich mit einem Revolver in die Brust. Schwer verletzt schleppte er sich in sein Zimmer im Gasthaus von Auvers. Zwei Tage später, in der Nacht vom 29. zum 30. Juli 1890, starb er im Beisein seines herbeigerufenen Bruders Theo.

Der Skorpion, den Vincent retten wollte, hat ihn schließlich getötet. Sein Bruder – er war der Einzige, der Vincent verstand – starb nur sechs Monate nach ihm. Uns, den Vorübergehenden, die wir ihn auf der Baumwurzel ausgestreckt liegen sehen, uns, die ihm zurufen: «Nur ein Verrückter setzt sein Leben für hässliche, nutzlose und undankbare Kreaturen aufs Spiel», uns wendet er sich zu und sagt: «Freunde, sollte ich wegen der Natur des Skorpions, zu stechen, meine eigene Natur, zu retten, aufgeben?»

Seite 45:

Selbstbildnis mit Pelzmütze, verbundenem Ohr und Tabakspfeife
Arles, Januar 1889
Chicago, Sammlung Mr. und Mrs. Leigh B. Block

II. Was im Herzen solch eines Niemands ist

1. Roter Faden: Stärkung

Was will seelsorgerlicher Dienst? Eines gewiss: Menschen in ihrem täglichen Lebenskampf stärken.

Viele Männer und Frauen haben diesen Dienst beispielhaft geleistet. Es ist nützlich, deren Leben und Handeln zu bedenken und sich von ihnen inspirieren zu lassen. Ich möchte hier einen Mann vorstellen, den zwar alle Welt kennt, aber gewiss nicht als einen, der Stärkung gibt im Sinne von seelsorgerlichem Dienst. Es ist der holländische Maler Vincent van Gogh.

Je älter ich werde, desto mehr versuche ich, meiner Suche und meinem eigenen Ringen Sinn zu geben, und desto mehr wird mir Vincent van Gogh ein wirklicher Weggefährte. Ich betrachte ihn auf eigenartige Weise als «meinen Heiligen». Man könnte fragen, wie ein Mann, der seinen Kopf kahl scheren ließ und sich selbst das Leben nahm, als Heiliger angesehen werden kann ... So zu denken würde jedoch bedeuten, nicht weit genug zu denken, denn das ganze Leben van Goghs durchzog wie ein roter Faden der Wunsch, Stärke *(fortis)* zu geben. Er wollte jemand sein, der tröstet und stärkt (englisch *com-fort)*.

Ich bin weder Kunsthistoriker noch Psychoanalytiker. Ich bin ein seit Jahren in den Vereinigten Staaten lebender katholischer Priester aus Holland. Ich betrachte van Goghs Kunstwerke und höre auf das, was er in seinen zahlreichen Briefen an seinen Bruder Theo sagt. Dabei vernehme ich viele Töne und sehe viele Bilder, die mir eine ganz persönliche Begegnung mit Vincent van

Gogh ermöglichen. Doch jede(r) kann solch eine persönliche Erfahrung machen, zu der ich einige Anstöße geben möchte.

Als sich Vincent van Gogh in Amsterdam auf das Studium der Theologie vorbereitete – er wollte Prediger werden –, sagte er seinem Lehrer: «Warum muss ich all diese schwierigen Fächer studieren – Griechisch, Hebräisch und andere –, wenn ich nur das eine tun möchte: armen Geschöpfen Frieden geben ... sie mit ihrem Dasein auf Erden versöhnen?»

Und später, als er Maler geworden war, schrieb er seinem Bruder Theo: «In einem Bild möchte ich etwas Tröstliches sagen, so wie Musik tröstlich ist.»[33] Vincent van Gogh wollte also ein Tröster und ein Stärkung Gebender sein, zuerst als Prediger, später als Maler, zuerst mit Worten, später mit Bildern.

Als ich noch in Holland lebte, habe ich mir über meinen Landsmann Vincent van Gogh kaum Gedanken gemacht. Ich wusste mehr oder weniger, dass er ein berühmter Maler ist und zahlreiche, heute von vielen bewunderte Bilder geschaffen hat. Als ich aber in Amerika war und mich einsam fühlte, getrennt von Freunden und meinen Angehörigen, und als ich mich bemühte, in diesem neuen Land meinen Weg zu finden, wurde Vincent mein Gefährte. Er schien mich zu verstehen.

Bei einem meiner Besuche in Holland begegnete ich dem Neffen des Malers, dem einzigen Sohn seines Bruders Theo, der wie sein Onkel Vincent (Willem) hieß. Ich traf einen distinguierten Herrn, der damals Mitte der Achtzig war, und fragte ihn, wie er es sich erkläre, dass so viele Menschen nach Holland kommen, um die Zeichnungen und Gemälde seines Onkels zu sehen – Menschen aus aller Welt: einfache Leute, Reiche, Arme, junge Menschen, alte Menschen, Japaner, Amerikaner, Deutsche ... Er erwiderte nach kurzer Pause lächelnd: «Weil Vincent Trost spendet und stärkt. Er vermochte unter die Oberfläche der Natur und die Haut der Menschen zu dringen und dort etwas Echtes, etwas Schönes, etwas Frohmachendes zu entdecken. Er konnte das innere Geheimnis dessen, was er sah, darstellen.»

Als der alte Herr mir das zur Antwort gab, fügte sich für mich vieles zusammen. Plötzlich verstand ich Vincent. Ich konnte ihn besser hören, besser sehen und ihn besser nachempfinden. Und ich begann, ihn als meinen Weggefährten zu betrachten.

2. Die Wahrheit ans Licht bringen

Habe ich mir vielleicht einen Verrückten, einen Narren als Gefährten gewählt? Wer Vincent van Gogh für einen Narren hält, sollte sich darüber im Klaren sein, dass er zu jener Art von Narren gehört, die uns die Wahrheit sagen und die Wahrheit zeigen. Der verzweifelte Kampf, den Vincent zeitlebens führte, war in der Tat ein Ringen darum, die Wahrheit ans Licht zu bringen.

Er schrieb seinem Bruder Theo aus Nuenen: «Auf jeden Fall, ob die Leute es loben oder nicht loben, was ich mache und wie ich es mache, ich persönlich weiß keinen anderen Weg, als so lange mit der Natur zu ringen, bis sie mir ihr Geheimnis erzählt.»[34] Noch wenige Monate vor Vincents Lebensende schrieb ihm sein großer Malerkollege Paul Gauguin: «Unter den Künstlern, die nach der Natur arbeiten, sind Sie der Einzige, der denkt.»[35]

Vincent ist ein Ringender, aber er ringt mehr als Mönch denn als Verrückter. Tatsächlich mehr als Mönch. Ich habe mehrere Monate mit Mönchen zusammengelebt und dabei festgestellt, dass Vincent und Mönche sich gut verstehen. Als ich in der Trappistenabtei Genesee unweit von New York «Mönch auf Zeit» war,[36] sprachen wir in der Gemeinschaft öfter über Vincent van Gogh. Ich war erstaunt, wie einsichtig den Mönchen seine kontemplative Natur war, von der er selber schrieb:

«Hätte ich nicht geradezu eine doppelte Natur, die eines Mönchs und die eines Malers, so wäre ich ganz und gar dem Wahnsinn verfallen. Aber selbst dann glaube ich nicht, dass mein Irrsinn die Form von Verfolgungswahn annehmen würde, da mein Empfinden im Zustand der Erregung eher auf das Betrachten der Ewigkeit und des ewigen Lebens gerichtet ist.»[37]

Es ist der Mönch, der Vincent zu einer ganz eigenen Art von Verrücktem oder Narren macht. Und als solcher verdient er besondere Aufmerksamkeit. Er könnte uns tatsächlich die Wahrheit sagen.

Betrachten wir deshalb Vincent van Gogh mit den Augen von Menschen, die andere ermutigen und stärken möchten. Betrachten wir ihn deshalb nicht so sehr mit dem Blick des kritischen Analytikers noch des Kunsthistorikers oder Psychologen, sondern sehen wir auf ihn *mit den Augen eines mitleidenden Herzens.*

Es gibt eine besondere Weise der Erkenntnis, die wir lernen müssen: *die Erkenntnis des Herzens.* Wir müssen von Vincent *mit dem Herzen lernen.* Was er seinem Bruder Theo in weit über sechshundert, meist langen Briefen sagt, kann dabei eine große Hilfe sein. Aber letzten Endes ist es sein künstlerisches Werk, das ihn uns «von Herz zu Herz» erkennen lässt.

Vincents Vater war Pastor der Niederländisch-Reformierten Gemeinde von Groot-Zundert, einer kleinen Stadt in Südholland. Seit früher Jugend neigte Vincent zum Alleinsein, unternahm lange Wanderungen, sammelte Vogelnester und beobachtete das Leben der einfachen Leute seines Heimatstädtchens. Jahre später schrieb er Theo: «Siehst Du, da ist ein altes Gefühl in mir und sitzt ganz tief. Schon als Junge habe ich oft mit unendlicher Sympathie, ja mit Hochachtung zu einem halb verwelkten Frauengesicht aufgeschaut, auf dem gleichsam geschrieben stand: das Leben in seiner Wirklichkeit hat hier seine Spuren hinterlassen.»[38] Vincent war ein wirklich Sehender, der schaute, beobachtete, betrachtete. Die Selbstporträts aus seinen späteren Lebensjahren machen deutlich, dass er ganz und gar Auge war.

Als Vincent vierundzwanzig Jahre alt war, wollte er in die Fußstapfen seines Vaters treten und Pastor werden. Aber bald wurde ihm klar, dass das Theologiestudium für ihn nicht der richtige Weg war. Was er wollte, war: bei den Armen leben und arbeiten. So wurde er in einem belgischen Steinkohlerevier Prediger, jedoch nur auf Probe. Hier im Borinage blieb er über anderthalb Jahre, lebte wie ein wahrer heiliger Franziskus in größter Armut, wohnte in einer Hütte und schlief auf Stroh, um so die bedrückenden Lebensbedingungen der Grubenarbeiter zu teilen.

Vincent identifizierte sich mit den Armen so sehr, dass er schier alles, was er besaß, verschenkte: Nahrungsmittel, Kleider, Gegenstände des persönlichen Bedarfs. Er half den Kranken und litt mit den Ärmsten der Armen. Sein übergroßer Eifer irritierte jedoch manche, nicht zuletzt seine kirchlichen Vorgesetzten. Sie lehnten diesen seltsamen und eigensinnigen Fanatiker ab und verlängerten seinen Auftrag nicht, unter dem Vorwand, dass er das, was einzig und allein von ihm verlangt wurde, nicht zu leisten vermochte: zu predigen. Damit war er entlassen. Seinem Bruder schrieb er darüber später: «Nun ist einer der Gründe, warum ich jetzt ohne Anstellung bin ... ganz einfach die Tatsache, dass ich andere Ansichten habe als die Herren, welche die Stellungen an Individuen vergeben, die wie sie denken. Es geht hier nicht nur um mein Äußeres, wie man mir heuchlerisch vorgeworfen hat, sondern um ernstere Dinge, das versichere ich Dir.»[39]

Aus dieser Zurückweisung heraus entdeckte Vincent allmählich seine wahre Berufung: «Ich möchte Zeichnungen machen, die einige Menschen *anrühren* ... Ich möchte es so weit bringen, dass Leute von meiner Arbeit sagen: Er fühlt tief, er fühlt zärtlich ... trotz meiner angeblichen Grobheit.

Was bin ich in den Augen der meisten? Eine Null oder ein exzentrischer und unangenehmer Mensch – jemand, der keine Stellung in der Gesellschaft hat und nie haben wird; kurz, der Niedrigste der Niedrigen. Nun gut, selbst wenn es so wäre, dann würde ich gern durch meine Arbeit zeigen, was im Herzen solch eines Außenseiters, solch eines Niemands, ist. Das ist mein Ehrgeiz, der trotz allem weniger auf Groll als auf Liebe, mehr auf Gelassenheit als auf Leidenschaft gegründet ist. Ich bin oft in größtem Elend, aber noch dann sind eine ruhige, reine Harmonie und Musik in mir.»[40]

Von da an hatte Vincent die klare Aufgabe: zu zeichnen, zu malen, sichtbar zu machen und auf diese Weise zu trösten und zu stärken. Es ist eine schwere Aufgabe, so schwer, dass er von ihr sagte: «Was ist Zeichnen? Es ist ein Sich-Durcharbeiten durch eine unsichtbare eiserne Wand, die zwischen dem, was man fühlt, und dem, was man tun kann, steht.»[41]

3. Das Leben in seiner Tiefe ergreifen

Als Vincent das Steinkohlerevier verließ, hatte er seine wahre Berufung gefunden: zu sehen und andere sehen zu lassen. Schonungslos und mit nicht nachlassender Energie erwarb er sich das dafür notwendige Können. Er war bereits siebenundzwanzig Jahre alt und hatte nicht mehr allzu viel Zeit zu verlieren.

Inmitten von Dunkelheit sah Vincent Licht. Inmitten von Hässlichkeit sah er Schönheit. Inmitten von Leid und Schmerz sah er den Adel des menschlichen Herzens. Er sah dies und verlangte brennend danach, es anderen sichtbar zu machen. «Ich kann nicht verstehen, dass es nicht jeder sieht und fühlt. Die Natur und Gott tun es für jeden, der Augen hat und Ohren und ein Herz zu verstehen.»

Es nicht zu viel gesagt, Vincent van Gogh einen Kontemplativen zu nennen, einen Mönch, der das Ewige im Zeitlichen, das Bleibende im Vergänglichen sah. «Da ist etwas Edles, etwas, das nicht für die Würmer bestimmt sein kann ... Da ist fern von aller Theologie einfach die Tatsache, dass der ärmste kleine Holzfäller, Heidebauer oder Grubenarbeiter Augenblicke einer Gemütsregung und Inspiration haben kann, die ihm das Gefühl einer ewigen Heimat geben, der er nahe ist.»[42]

Vincent sah sich selbst tatsächlich als ein Maler, der die Wahrheit ans Licht bringen und Stärkung geben will, indem er sie mitten aus dem menschlichen Kampf aufscheinen lässt. Es ist eine schwierige Berufung, die Disziplin verlangt, um denen nahe zu stehen, die am wenigsten attraktiv erscheinen. «Ich fühle, dass meine Arbeit im Herzen des Volkes liegt, dass ich ganz in Erdennähe bleiben muss, dass ich das Leben in seinen Tiefen ergreifen und durch viel Sorgen und Mühen vorankommen muss. Ich kann mir keinen anderen Weg denken und verlange nicht, ohne Mühen und Sorgen zu sein.»[43]

Und es klingt wie aus dem Mund eines wirklichen Mönchs, wenn er seinem Bruder schreibt: «Was ich Dir nochmals sagen möchte, ist dies: ... Wenn in mir für einen Augenblick der

Wunsch aufkommt nach einem sorgenfreien Leben, nach Erfolg, kehre ich jedes Mal mit Liebe zu der Mühsal und den Sorgen zurück, zu einem Leben voller Beschwerden, und ich denke, es ist besser so; ich lerne mehr davon, es erniedrigt mich nicht, dies ist nicht der Weg, auf dem man zugrunde geht.»[44]

Vincent lebte seine Überzeugung so radikal, dass er nicht nur dem Elend anderer nahe sein wollte, sondern es mit ihnen teilte. «Einmal habe ich sechs Wochen oder zwei Monate lang einen armen elenden Bergarbeiter [im Borinage] gepflegt, der Verbrennungen hatte. Ich habe mein Essen einen ganzen Winter über mit einem armen alten Mann geteilt, und der Himmel weiß, was noch alles»[45], schrieb er seinem Bruder.

In Den Haag nahm Vincent eine schwangere Frau zu sich, die von ihrem Mann, dessen Kind sie trug, verlassen worden war. «Eine kranke, schwangere Frau», informierte er Theo, «die im Winter die Straßen durchstreifte und ihr Brot verdienen musste, du weißt schon wie. Ich habe diese Frau als Modell genommen und den ganzen Winter mit ihr gearbeitet. Den vollen Lohn fürs Modellstehen konnte ich ihr nicht geben, aber ich habe ihr die Miete bezahlt und bisher, Gott sei Dank, sie und ihr Kind vor Hunger und Kälte bewahren können, weil ich mein eigenes Brot mit ihr geteilt habe.»[46]

«Wie weit darf man gehen, wenn man sich um eine unglückliche Frau kümmert? Antwort: Bis ins Unendliche»[47], stellte er seinem Bruder die Frage und gab zugleich die Antwort.

Vincent sah in der verlassenen Frau mehr als einen einzelnen Menschen mit Problemen. Er betrachtete sie vielmehr als Stellvertreterin aller menschlichen Sorgen und schrieb das Wort «Sorrow» an den unteren Rand seiner Bleistiftzeichnung von dieser Frau.

Ein paar Monate später kehrte Vincent zu seinen Eltern zurück, die in Nuenen in Nordbrabant wohnten, wo sein Vater eine neue Pastorenstelle angetreten hatte. Auch hier zogen ihn die einfachen, kleinen Leute an: Weber, Torfstecherinnen, Bäuerinnen, Bauern, Feldarbeiter, Holzsammler, Kirchgänger.

Hier schuf er auch – nach langem Ringen darum, sichtbar zu machen, was er wirklich sah und fühlte – das Meisterwerk *Die Kartoffelesser*. «Es ist mir ganz und gar nicht bange», schrieb Vincent dazu seinem Bruder, «ob [das Bild] allen gefällt und es jeder sofort bewundert. Ich habe den ganzen Winter über die Fäden dieses Gewebes in Händen gehabt und nach der endgültigen Form gesucht. Und wenn das Gewebe nun rau und grob geworden ist, ist es dennoch nach bestimmten Regeln gewoben worden. Und es könnte sich zeigen, dass es ein echtes Bauernbild ist. Ich weiß, dass es das ist ... Wenn ein Bauernbild den Geruch von Speck, Rauch und Kartoffeln hat, dann gut, das ist nicht ungesund ... Das Bauernleben zu malen, ist eine ernste Sache ... Man muss die Bauern malen, indem man selbst einer von ihnen ist und wie sie fühlt und denkt.»[48]

Die *Kartoffelesser* schlossen van Goghs dunkle Periode, seine holländische Zeit ab. Er verformte bewusst seine Gestalten, um die tiefere Wahrheit hervortreten zu lassen, und merkte selbst dazu an: «Es wird Fehler geben, die ein Realist kaum begeht ... gewisse Übertreibungen. Aber ich weiß zu gut, was ich will und was mein Ziel ist, und ich bin zu fest davon überzeugt, letzten Endes auf dem richtigen Weg zu sein, wenn ich malen möchte, was ich fühle und fühle, was ich male. Ganz gleich ob Figur oder Landschaft, ich möchte keine sentimentale Schwermut zum Ausdruck bringen, sondern ernsten menschlichen Kummer.»[49]

4. Das ist eine Sonne, ein Licht!

Vincent ließ Holland und die dunkle Periode seines Lebens hinter sich. Er ging nach Antwerpen und Paris, wo er den Reichtum der Farben entdeckte: Zuerst das Rosa und die Fleischtöne eines Rubens und später die farbenfrohe Palette der Impressionisten. Antwerpen und Paris ließen ihn zu einem Maler des Lichts werden, nicht mehr des im Dunkel von Baumwurzeln oder des in der Hütte der Kartoffelesser verborgenen Lichts, sondern des hellen, «freundlichen Lichts» der Sonne, das Leben gewährt, des Mondes, der Sterne. Er zog weiter nach Arles in der Provence, wo er sich ein eigenes Atelier einrichtete. Hier war er zu sich selbst gekommen und konnte sich entfalten.

Das unerbittliche Ringen darum, «einige Leute anzurühren», und die Entdeckung der «gelben Sonne» verschmolzen zu einer neuen Form, Stärkung zu geben, nicht mehr so direkt und «moralistisch» wie in der holländischen Zeit, sondern nun in den warmen und heiteren Tönen Südfrankreichs.

Wie ein Mönch, der nicht mehr um das Erkennen Gottes ringen muss, weil er ihm in seinem ganzen Sein erstrahlt, hielt Vincent es nicht mehr für notwendig, seine Gemälde mit Bezeichnungen wie *Sorrow* zu versehen. Er konnte Stärkung geben mit der unmittelbaren Kraft seiner Farben.

Die Sonne wurde ein Symbol der Heilung, und Gelb war die Farbe, die Vincents Palette in dieser Zeit beherrschte. «Es ist, als würde die Natur zu brennen beginnen. In allem ist Gold, Bronze, Kupfer … Da ist eine Sonne, ein Licht, die ich mangels eines besseren Wortes nur gelb nennen kann, blasses Schwefelgelb, Zitronengold … Ach, wer hier nicht an diese Sonne glaubt, der ist wirklich gottlos»[50], schrieb er seinem Bruder aus Arles. Und seinen Freund Bernard suchte er zu begeistern: «Ach, diese herrliche Sonne hier im Sommer!»[51]

Die Sonne lässt Vincent die Menschen mit anderen Augen sehen. Sie erscheinen ihm wie Königinnen und Könige, Prinzen und Prinzessinnen, ja wie Heilige. Er möchte keine oberflächliche Heiterkeit ausdrücken, sondern tiefe menschliche Freude. «Wir haben Heiterkeit nötig und Glück», versichert er seiner Schwester Willemien, «Hoffnung und Liebe.»[52]

Wie die Freude des Mönchs stets mit seinem Kummer einhergeht, so bleibt die Freude Vincents tief mit seinem Ringen verbunden. Seine Freude entbehrt nie der Mühsal und des Kampfes. Dennoch ist es eine wirklich alles durchdringende Freude. Seine *Sonnenblumen*, seine *Weizenfelder* wie auch seine *Sternennacht* machen es deutlich, vor allem aber seine zahlreichen Bildnisse. Die Männer und Frauen, die Vincent in Arles porträtierte, wirken tatsächlich wie glorreiche Heilige. Sie sind wie Ikonen, aus denen ein Schein überirdischer Wirklichkeit aufleuchtet. «Ich möchte Männer und Frauen mit etwas von diesem Ewigen malen, das früher der Heiligenschein symbolisch ausdrückte, und das ich durch das wirkliche Strahlen und Vibrieren meiner Farbgebung einzufangen suche … Ach, das Bildnis, das Bild mit dem Geist, mit der Seele des Modells, das muss unbedingt kommen»[53], erklärte er seinem Bruder.

Zugleich aber muss gesagt werden, dass Vincent zu dieser Zeit keinerlei seelsorgerlich-missionarische Ambitionen mehr hatte. Er hatte ein feindliches Gefühl gegenüber der Kirche entwickelt und mit der Religion seines Vaters radikal gebrochen. Aber nach wie vor befasste er sich mit dem Geist des Evangeliums. Seinem engen, tiefgläubigen Freund Emile Bernard, der auch Maler war, machte er klar: «Man kann einen Eindruck des Erleidens von

Ängsten wiederzugeben versuchen, indem man kurzerhand den historischen Garten von Getsemani ins Auge fasst … Ach, es ist gewiss gut und richtig, von der Bibel ergriffen zu sein; aber die moderne Wirklichkeit hat uns so fest in Besitz, dass dann, wenn wir uns in die alten Zeiten hineinzuversetzen suchen, uns im selben Augenblick die neueren Ereignisse unseres Lebens von unseren Betrachtungen abbringen und unsere persönlichen Erlebnisse uns mit Macht in die eigene Gefühlswelt zurückdrängen: Freude, Langeweile, Leiden, Zorn und ein Lächeln.»[54]

Vincent rügte seinen Freund, dass er Christus malen würde, ohne ihn wirklich gesehen zu haben. Vincent kam es auf die Olivenbäume im Garten am Ölberg an, in denen Jesus in seiner Todesangst gesehen und erfahrbar werden könnte. Ebenso sollten die Farbeffekte und die Intensität des Farbauftrags eine religiöse Erfahrung vermitteln können.

Ihm war klar, dass er nicht mit einer Darstellung des historischen Jesus Stärkung geben konnte, sondern indem er den tröstenden Jesus in der Wirklichkeit seiner Stunde sichtbar macht. Er erkannte, dass ein Leben voll und ganz im Heute ihn mit der unsichtbaren Seite des Lebens in Berührung bringen kann. Er schrieb seinem Freund: «Nichtsdestoweniger glaubt man heute noch immer, das Leben sei flach und gehe von der Geburt bis zum Tode. Doch wahrscheinlich ist auch das Leben rund und weit überlegener an Ausdehnung und Fähigkeit als die Hemisphäre, die uns heute bekannt ist.»[55]

5. Froh machendes Sehen

Vincent van Gogh war vor allem ein Sehender, ein Kontemplativer. Er sah und wollte uns mitsehen lassen. Über seine weiteren Lebensjahre und den Fortschritt seiner Kunst bedarf es nicht vieler Worte. Sonnenüberflutete Landschaften, glühende Weizenfelder, Olivenhaine, Zypressen und Menschen, von denen ein Glanz ausgeht, sprechen ihre eigene wortlose Sprache.

Heute spricht der Maler van Gogh direkt zu uns: durch seine Farben, Formen und Pinselstriche. Dass seine Kunst Menschen zu stärken vermag, ist heute unbestritten. Es ist die froh machende Erfahrung des Sehens, die Stärkung gibt.

Van Gogh sagte von seinem Gemälde *Das Nachtcafé* seinem Bruder: «Das Bild ist eines der hässlichsten, das ich je gemacht habe … mit den Gestalten der kleinen, schlafenden Gauner im leeren trostlosen Saal habe ich versucht, den Gedanken auszudrücken, dass das Café ein Ort ist, an dem man sich ruinieren kann.»[56]

Um dieses Gemälde zu verstehen, braucht nichts weiter gesagt zu werden. Wir müssen nur schauen, betrachten und den Farbauftrag, die Farben selbst und die Pinselstriche zu uns sprechen lassen.

Es gibt viele Weisen der Erkenntnis. Die Art des Kunsthistorikers und die ganz andere des Psychologen. Doch über allen steht einzig und allein das, was die Absicht des Künstlers war, die der unmittelbare Zugang zu seinem Werk ist. Diesen Zugang kann jeder finden, dazu bedarf es keines Experten. Aus dem Sehen und Hinhören mit unserem innersten Sein fügen sich die tiefen inneren Verbindungen zusammen, die Erkenntnis sind – die unmittelbare, persönliche, bewegende Erkenntnis eines mitleidenden Herzens.

... ein Feld mit jungem Korn bei Sonnenaufgang.
An diesem ... Bild arbeite ich zurzeit. Es ist
(neben dem blühenden Obstgarten, der Theo gefiel, wie er sagte)
das Zarteste, was ich gemalt habe.
Die fliehenden Furchen laufen tief in das Bild hinein,
den fernen violetten Bergen entgegen.
Der Boden ist rosa und violett,
aber mit dem jungen Gelbgrün des Korns marmoriert.
Der Himmel im Hintergrund ist blasses Zitronengelb und Rosa,
darin die Sonne.

(Willemien 16) Saint-Rémy, November 1889

Umfriedetes Feld mit jungem Korn bei Sonnenaufgang (Ausschnitt)
Saint-Rémy, Dezember 1889
Privatbesitz

III. Anstöße zur Mitleidenschaft

1. Vom Konkurrenzkampf zum Mitleiden

Wenn es einen Begriff gibt, der in allen großen Religionen eine zentrale Bedeutung hat, so ist es der des «Mitleidens» oder der «Barmherzigkeit». Die heiligen Schriften der Hindus, Buddhisten, Muslime, Juden und Christen sprechen ohne Ausnahme von einem mitleidenden Gott. In einer Welt, in der Konkurrenz und Gegnerschaft die Beziehungen zwischen den Menschen beherrschen, verkünden alle aufrichtig Glaubenden das Mitleiden und nicht das Rivalisieren als den Weg Gottes.

Wie können wir das Mitleiden zum Mittelpunkt unseres Lebens machen? Als gefährdete, angstvolle, verwundbare und sterbliche Wesen, die irgendwie und irgendwo in den Überlebenskampf verstrickt sind, scheinen uns Konkurrieren und Wetteifern große Befriedigung zu verschaffen. Bei Olympischen Spielen wie bei Wahlkämpfen ist es klar, dass nur Gewinnen zählt und Beifall findet.

Doch Jesus sagt: «Seid barmherzig, wie euer Vater barmherzig ist» (Lukas 6,36). Und alle großen geistlichen Führer wiederholen diesen Anruf durch die Jahrhunderte. Mitleiden, das Leid teilen, «ein Herz für die Armen» haben, was Barmherzigkeit letztlich bedeutet, ist der Weg zu der Wahrheit, dass wir dann am meisten wir selbst sind, wenn wir wie die anderen sind, und nicht, wenn wir uns von ihnen unterscheiden. Deshalb lautet die entscheidende geistliche Frage nicht: «Worin unterscheidest du dich?», sondern: «Was hast du gemeinsam?» Nicht das «Übertreffen», sondern das «Dienen» gibt uns Größe und Menschlichkeit. Nicht der eigene Beweis, besser zu sein als andere, sondern das Eingestehen, genauso zu sein wie andere, ist der Weg zu Heilung und Versöhnung.

Mitleiden, mit anderen sein, wann und wo auch immer, und freiwillig in die Gefolgschaft der Schwachen treten, darin besteht Gottes Weg zu Gerechtigkeit und Frieden unter den Menschen.

Ist das denn überhaupt möglich? Gewiss, doch nur dann, wenn wir es wagen, fest und aufrichtig daran zu glauben, dass wir nicht um Liebe konkurrieren müssen, sondern Liebe ein freies Geschenk dessen ist, der uns zum Mitleiden aufruft.

VII, 16

2. Bedauern oder Mitleiden?

Mitleiden ist etwas anderes als Mitleid haben oder Bedauern. Mitleid haben hat einen Anflug von Distanz, wenn nicht gar einen Hauch von Sich-Herablassen. Ich tue oft etwas, weil ich Mitleid habe: Ich gebe einem Bettler an einer Straßenecke in Toronto oder New York eine Geldmünze, schaue ihm aber kaum in die Augen und wechsle mit ihm kein Wort. Ich habe es zu eilig, um einem Menschen, der mir die offene Hand hinhält, nähere Aufmerksamkeit zu schenken. Mein Geld ersetzt meine eigene Aufmerksamkeit und entschuldigt mein Weitergehen.

Mitleiden heißt, auf einen anderen, der leidet, zugehen und sich auf ihn einlassen. Wir können uns aber nur auf einen anderen Menschen einlassen, wenn wir akzeptieren, dadurch selbst verwundbar zu werden. Ein mitleidender Mensch sagt: «Ich bin dein Bruder, ich bin deine Schwester. Ich bin ein Mensch, habe Schwächen und bin sterblich genau wie du. Ich störe mich nicht an deinen Tränen, schrecke vor deiner Not nicht zurück. Auch ich habe geweint und Schmerz erfahren.» Wir können nur dann mit einem anderen sein, wenn der andere aufhört, ein «anderer» zu sein, und wird wie wir.

Daran mag es vor allem liegen, dass es uns manchmal leichter fällt, Mitleid zu zeigen, statt *mitzuleiden*. Der leidende Mensch fordert uns heraus, unser eigenes Leiden zur Kenntnis zu nehmen. Wie kann ich auf die Einsamkeit eines anderen eingehen, wenn ich keine Beziehung zu meiner eigenen Einsamkeit habe? Wie kann ich einem behinderten Menschen beistehen, wenn ich mich weigere, meine eigene Behinderung zu sehen? Wie kann ich mich einem Armen zuwenden, wenn ich mir meine eigene Armut nicht eingestehen will?

Schaue ich auf mein persönliches Leben, so stelle ich fest, dass die Augenblicke größter Freude und größten Trostes Gelegenheiten waren, bei denen mir jemand sagte: «Ich kann dir deine Qual nicht abnehmen und habe auch keine Lösung für dein Problem. Aber ich kann dir versprechen, dass ich dich nicht allein lassen und dir beistehen werde, solange und so gut ich kann.»

Es gibt viel Trauer in unserem Leben, doch ist es ein großer Segen, wenn wir in unserer Trauer und unserem Schmerz nicht allein sein müssen. Darin besteht die Gabe des Mitleidens.

VII, 102

Dass Kopieren altmodisch ist, macht mir gar nichts aus.
Ich will auch den Barmherzigen Samariter
von Delacroix kopieren …
Besonders jetzt, da ich krank bin,
versuche ich etwas zu machen, das mich tröstet und mich freut.

(607) Arles, Herbst 1889

Seite 67:
Der barmherzige Samariter (nach Delacroix)
Saint-Rémy, Mai 1890
Otterlo, Rijksmuseum Kröller-Müller

«Mobilität nach unten», sich denen zuwenden, die leiden, und den Schmerz mit ihnen teilen, scheint an Masochismus, ja Krankhaftigkeit zu grenzen. Welche Freude kann in der Solidarität mit den Armen, Kranken und Sterbenden liegen? Welche Freude kann das Mitleiden bergen?

Mitleidende Menschen wie Franz von Assisi, Charles de Foucauld, Mahatma Gandhi, Albert Schweitzer, Dorothy Day und viele andere waren durchaus nicht masochistisch oder krankhaft. Sie strahlten vielmehr Freude aus; eine Freude, die unserer Welt offensichtlich weithin fremd ist. Halten wir uns daran, was die Medien uns suggerieren, dann kommt Freude von Erfolg, von Ansehen und Macht, wenngleich diejenigen, die all dies für sich verbuchen können, oft sehr niedergedrückt sind.

Dass Mitleiden Freude bringt, ist eines der bestgehüteten Geheimnisse der Menschen; ein Geheimnis, das nur wenige kennen und das immer wieder neu entdeckt werden muss.

Ich glaube eine leise Ahnung davon zu haben. Als ich vor Jahren zur Daybreak-Gemeinschaft kam, in der geistig behinderte Menschen mit ihren Helfern zusammenleben, wurde ich gebeten, mich Adam, einem Behinderten, der dieser Gemeinschaft angehörte, zu widmen. Jeden Morgen musste ich ihn aus dem Bett heben, ihn waschen, rasieren, ihm die Zähne putzen, die Haare kämmen, ihn anziehen, in die Küche führen, ihm das Frühstück geben und ihn dann an den Platz bringen, an dem er sich den Tag über aufhalten sollte.

Während der ersten Wochen hatte ich meist Angst und fürchtete, etwas verkehrt zu machen, oder dass Adam einen epileptischen Anfall bekommen könnte. Doch mit der Zeit legte sich meine Unsicherheit, und unsere tägliche Routine begann, mir Freude zu machen. Nachdem Wochen vergangen waren, stellte ich fest, dass ich auf diese zwei Stunden mit Adam ungeduldig wartete. Sooft ich tagsüber an ihn dachte, empfand ich Dankbarkeit darüber, ihn zum Freund zu haben. Obschon er nicht sprechen oder ein Zeichen der Anerkennung geben konnte, bestand wirkliche Liebe zwischen uns. Die Stunden mit Adam wurden für mich zur kostbarsten Zeit des Tages.

Als mich einmal ein Freund besuchte und fragte: «Könntest du deine Zeit nicht besser nützen, als sie diesem behinderten Mann zu widmen? War das der Zweck deines langen Studiums und deiner Ausbildung?», wurde mir klar, dass ich ihm die Freude, die mir Adam brachte, nicht erklären konnte. Er musste ihr selbst begegnen.

Freude ist das verborgene Geschenk des Mitleidens. Wir vergessen das sehr schnell und suchen gedankenlos hier und da. Aber sooft wir dorthin zurückkehren, wo Leid ist, erahnen wir etwas von jener Freude, die nicht von dieser Welt ist.

VII, 100

4. Genau da, wo wir sind

Es wäre verkehrt, würden wir das mitleidende Leben als ein Leben heroischer Selbstverleugnung ansehen. Mitleiden ist «Mobilität nach unten» zur Solidarität und nicht «Mobilität nach oben» zu Ansehen und Geltung, es verlangt keine heroischen Gesten oder Aufsehen erregende Umkehr. In Wirklichkeit verbirgt sich das mitleidende Leben meistens im gewöhnlichen Alltag. Auch das Leben derer, die für uns Beispiele des Mitleidens sind, zeigt, dass der abwärts gerichtete Weg zu den Armen zuallererst durch kleine Gesten im täglichen Leben verwirklicht wird.

Es geht nicht darum, dass wir Mutter Teresa imitieren, sondern dass wir aufgeschlossen sind für die vielen kleinen Leiden derer, mit denen wir unser Leben teilen: Sind wir bereit, dem Menschen unsere Zeit zu schenken, der nicht unsere Neugierde weckt? Hören wir dem zu, der uns nicht sofort interessant erscheint? Können wir mit dem mitleiden, dessen Schmerz den Augen der Welt verborgen bleibt?

Es gibt viel verstecktes Leid: das Leid des Teenagers, der sich unsicher fühlt; das Leiden der Ehepartner, die spüren, dass die Liebe zwischen ihnen erloschen ist; das Leiden des wohlhabenden Unternehmers, der glaubt, dass die Leute mehr an seinem Geld als an ihm selbst interessiert sind; das Leiden des Homosexuellen, der sich von Familie und Freunden isoliert fühlt; das Leiden der vielen, denen ein guter Freund fehlt, die kein Zuhause und keine sichere Nachbarschaft haben; das Leiden der Millionen, die einsam sind und sich fragen, ob das Leben überhaupt Sinn hat.

Sobald wir auf der Lebensleiter nach unten blicken statt nach oben, sehen wir auf Schritt und Tritt den Schmerz der Menschen, hören wir aus allen Richtungen den Ruf nach Mitleid.

Wahres Mitleiden beginnt stets genau da, wo wir sind.

VII, 101

5. Gemeinsam schweigen

Augenblicke aufrichtigen Mitleidens prägen sich unserem Innern für das ganze Leben ein. Oft sind es Augenblicke ohne ein Wort: Momente tiefen Schweigens.

Ich erinnere mich, wie total verlassen ich mich einmal fühlte – Angst und Verzweiflung überwältigten mich, ich zitterte am ganzen Körper, schrie, lief in meinem Zimmer hin und her und schlug mit den Fäusten an die Wand. Zwei Freunde waren bei mir. Sie sagten nichts, waren einfach da. Als ich mich nach ein paar Stunden etwas beruhigt hatte, waren sie immer noch da. Sie nahmen mich in die Arme und wiegten mich wie ein kleines Kind. Dann setzten wir uns auf den Boden. Meine Freunde gaben mir etwas zu trinken; ich brachte kein Wort heraus. Auch meine Freunde sagten nichts. Es herrschte Stille … wohltuende, friedliche Stille.

Heute halte ich diese Erfahrung für einen Wendepunkt in meinem Leben. Ich weiß nicht, was ich damals ohne meine beiden Freunde getan hätte.

Ich erinnere mich auch, wie mich später einmal ein Freund aufsuchte und mir unter Tränen berichtete, dass ihn seine Frau eben verlassen habe. Ich war schockiert und wusste nicht, was ich sagen sollte. Freilich gab es auch nichts zu sagen. Mein Freund brauchte keine Worte. Stumm drückte ich ihm lange beide Hände. Einen Augenblick lag es mir auf der Zunge, ihn zu fragen, wie und warum es zu diesem Schritt seiner Frau gekommen sei. Doch ich spürte sofort, dass jede Frage unpassend war. In dieser Situation ging es nur darum, als Freunde zusammen zu sein, ohne etwas sagen zu müssen und ohne Angst gemeinsam schweigend auszuharren.

Denke ich heute daran zurück, bin ich meinem Freund sehr dankbar, dass er mir seine Trauer anvertraut hat. Solche Augenblicke des Mitleidens bringen fortwährend Früchte.

VII, 104

6. Der Weg der Geduld

Was ist also praktisch gesehen gelebtes Mitleiden? Der Weg des Mitleidens ist der Weg der Geduld. Die Geduld ist die Disziplin des Mitleidens. Das leuchtet ein, wenn wir uns klarmachen, dass man statt Mitleiden auch Mitdulden sagen könnte. Wie im Lateinischen die Worte *passio* («Leiden») und *patientia* («Geduld») auf das Wort *pati* («leiden, ertragen») zurückgehen, so geht im Deutschen das Wort *Geduld* auf *dulden* (also «leiden, ohne sich aufzulehnen») zurück. Das gelebte Mitleiden könnte man als ein geduldiges Leben beschreiben, das man mit anderen führt.

Wenn wir also nach der Verwirklichung des Mitleidens im Leben fragen, nach der Disziplin des Mitleidens, so ist Geduld die Antwort. Wenn wir nicht geduldig sein können, können wir nicht Mitdulder sein. Wenn wir es nicht fertig bringen, Leid auf uns zu nehmen, können wir nicht mit anderen Leid ertragen. Wenn wir zu schwach sind, die Last unseres eigenen Lebens zu tragen, können wir nicht die Last unseres Nächsten auf die Schultern nehmen. Die Geduld ist die strenge, aber fruchtbare Disziplin des Jüngers unseres mitduldenden Herrn ...

Die Geduld ist die Disziplin des Mitleidens, da wir durch die Geduld in der Fülle der Zeiten leben und andere einladen können, mitzumachen. Wenn wir wissen, dass Gott uns das Heil anbietet, haben wir reichlich Zeit, uns mit anderen zu treffen und mit ihnen das Leben zu feiern.

Solange wir Opfer der Uhrzeit bleiben, die uns in das starre Gefüge von Zeitabschnitten zwingt, sind wir dazu verdammt, ohne Mitleiden zu leben. Wenn wir nach der Uhr leben, haben wir füreinander keine Zeit: Wir sind ständig unterwegs zu unserem nächsten Termin und merken nicht, dass am Wegrand jemand unsere Hilfe braucht; wir sorgen uns immer, es könnte uns etwas Wichtiges entgehen, und sehen im menschlichen Leid nur eine lästige Störung unserer Vorhaben; dauernd haben wir Angst um unseren freien Abend, unser freies Wochenende oder unseren Urlaubsmonat und verlieren die Fähigkeit, uns der Gesellschaft der Menschen zu erfreuen, mit denen wir tagein, tagaus zusammen wohnen und arbeiten. Wenn wir uns aber dem Griff dieser Uhrzeit entwinden und in der inneren Zeit der Überfülle Gottes zu leben beginnen, wird das Mitleiden sichtbar. Wenn die Geduld uns den natürlichen Rhythmus von Geburt und Tod, Wachstum und Welken, Licht und Dunkel lehrt und uns diese neue Zeit mit all unseren Sinnen erleben lässt, haben wir mit einem Mal unbegrenzt Platz für unsere Mitmenschen.

Die Geduld macht uns zugänglich für die verschiedensten Menschen, die wir alle einladen können, die Fülle der Gegenwart Gottes zu verkosten. Die Geduld öffnet uns das Herz für die Kinder und bringt uns zu Bewusstsein, dass ihre jungen Jahre in den Augen der göttlichen Barmherzigkeit ebenso wichtig sind wie die späteren Jahre der Erwachsenen. Sie lässt uns erkennen, dass im Leben nicht die Länge, sondern die Erfüllung zählt.

Die Geduld öffnet uns das Herz für die Älteren und bewahrt uns vor der Uhrzeit-Mentalität, die wichtigsten Jahre ihres Lebens seien schon vorüber. Die Geduld macht uns offen für die Kranken und die Sterbenden und lässt uns spüren, dass eine Minute wirklichen Miteinanderseins die Verbitterung eines ganzen Lebens tilgen kann … Die Geduld ist unsere Chance, uns nicht so ernst zu nehmen, und weckt jedes Mal unseren Argwohn, wenn unsere vielen aufopfernden und dienstbeflissenen Pläne uns wieder in den Zeitablauf unserer Uhren und den Zwang unserer Kalender einspannen wollen. Die Geduld macht uns liebevoll aufmerksam, liebenswürdig, zart und immer dankbar für die Fülle der Gaben Gottes.

Geduldige Menschen sind unschwer zu erkennen. In ihrer Gegenwart geschieht in uns etwas Großes. Sie lösen uns aus unserer Hetze und Betriebsamkeit und nehmen uns mit in die Fülle der Zeit Gottes. In ihrer Gegenwart spüren wir, wie sehr man uns liebt, annimmt und schätzt. All die großen und kleinen Dinge, die uns nie ruhen ließen, scheinen plötzlich ihre Macht über uns zu verlieren, und uns geht auf, dass alles, wonach wir uns wirklich gesehnt hatten, in diesem einen Augenblick des Miteinander-Fühlens seine Erfüllung findet.

II, 122, 134

7. Gegenseitiges Geben und Nehmen

Eines der schönsten Merkmale des mitleidenden Lebens ist das ständige gegenseitige Geben und Nehmen. Jeder, der sich aufrichtig bemüht, ein mitleidendes Leben zu führen, wird sagen: «Ich erhalte so viel, wie ich gebe.»

Wer in den Sterbehäusern von Kalkutta Beistand geleistet, mit den Armen in den Wellblechsiedlungen am Stadtrand von Lima oder in den favelas von São Paulo gelebt, wer Aidskranke oder geistig Behinderte gepflegt hat, der wird sehr dankbar sein für die Gaben, die er von denjenigen empfangen hat, denen er helfen wollte. Dieses wechselseitige Geben und Nehmen dürfte das deutlichste Kennzeichen wirklichen Mitleidens sein.

Einer der mir besonders tief in Erinnerung gebliebenen Abschnitte meines Lebens betrifft die Zeit, die ich mit der Familie von Osco Moreno in Pamplona Alta in der Nähe von Lima verlebt habe. Pablo und seine Frau Sophia mit ihren drei Kindern

Johnny, Maria und Pablito gewährten mir – obwohl sie sehr arm waren – großzügig ihre Gastfreundschaft. Ihr Lachen, ihre Freundlichkeit und ansteckende Fröhlichkeit bei aller Sorge um das Lebensnotwendigste für den nächsten Tag werde ich niemals vergessen.

Ich ging mit dem Wunsch nach Peru, den Armen zu helfen, und kehrte mit großer Dankbarkeit für das, was ich empfangen hatte, nach Hause zurück. Als ich danach an der Harvard-Universität lehrte, empfand ich oft regelrechtes Heimweh nach «meiner Familie». Ich vermisste die Kinder, die sich an meine Arme und Beine gehängt, mich geneckt und mit mir gelacht, ihr Stück Brot mit mir geteilt und mir zu trinken gegeben hatten. Ich vermisste die Spontaneität, die Nähe und die Großzügigkeit, die ich bei den Armen von Pamplona Alta erfahren hatte. Sie hatten mich mit Gaben der Liebe buchstäblich überschüttet. Sie waren zweifellos glücklich und sogar stolz darauf, diesem großen «Gringo-Padre», diesem «Ami-Pater», der ganz anders aussah und den man nicht verstand, bei sich zu haben. Doch was ich ihnen auch gab, es war nicht mit dem zu vergleichen, was ich empfing.

Auf Belohnungen des Mitleidens lässt sich nicht warten. Sie sind im Mitleiden selbst verborgen. Ich bin mir darin sicher.

VII, 106

8. Konfrontation mit uns selbst

Manchmal lässt uns das mitleidende Leben ein Geschenk zuteil werden, auf das man nicht allzu erpicht ist: das Geschenk der Konfrontation mit sich selbst. Die Armen in Peru konfrontierten mich mit meiner Ungeduld und meinem ausgeprägten Bedürfnis, bestimmen zu können und etwas zu bewirken. Die Behinderten der Daybreak-Gemeinschaft konfrontierten mich mit meiner Furcht, zurückgewiesen zu werden, mit meinem Hunger nach Bestätigung und meiner ständigen Suche nach Zuneigung.

An eine solche Gelegenheit der Selbstkonfrontation erinnere ich mich sehr deutlich. Auf einer Vortragsreise nach Texas hatte ich für Raymond, einen Behinderten aus unserer Gemeinschaft in Daybreak, einen großen Cowboy-Hut gekauft. Ich freute mich darauf, nach Hause zu kommen und ihm mein Geschenk zu überreichen.

Doch als Raymond, dessen Bedürfnis nach Aufmerksamkeit und Bestätigung so ausgeprägt ist wie mein eigenes, das Mitbringsel sah, fing er laut zu schimpfen an: «Ich brauche dein blödes Geschenk nicht! Ich habe genug Geschenke! Ich habe dafür keinen Platz in meinem Zimmer! Alle Wände sind schon voll. Behalt dir dein Geschenk! Ich brauch es nicht!»

Raymonds Worte rissen eine tiefe Wunde in mir auf. Er machte mir deutlich, dass ich mich *bemühte*, ihn als Freund zu gewinnen, doch statt ihm Zeit zu widmen und meine Aufmerksamkeit zu schenken, hatte ich ihm einen Texas-Hut mitgebracht. Raymonds Ärger, die Antwort auf das teure Geschenk, konfrontierte mich mit meiner mangelnden Fähigkeit, in eine persönliche Beziehung zu ihm zu treten und eine wirkliche Freundschaft wachsen zu lassen. Statt den Hut als ein Zeichen der Freundschaft zu sehen, wurde er als ein Ersatz dafür verstanden. Freilich geschah dies alles nicht bewusst, weder bei mir noch bei Raymond. Sein Ausbruch wirkte auf mich wie ein Schock, der mir aber bald klarmachte, dass mich meine eigene innere Unzulänglichkeit erschrecken ließ.

Auch diese Selbstkonfrontation ist ein Geschenk eines mitleidenden Lebens; ein schwer entgegenzunehmendes Geschenk, das uns aber bei unserer Suche nach Ganzheit und Heiligkeit vieles lehren und eine Hilfe sein kann.

VII, 105

9. Dein Schmerz – der Schmerz der Menschheit

Dein Schmerz hängt – bei all seiner Tiefe – mit besonderen Umständen zusammen. Du leidest nicht abstrakt. Du leidest, weil dich jemand zu einer bestimmten Zeit und an einem bestimmten Ort verletzt hat. Dein Gefühl, abgewiesen, fallengelassen zu werden und überflüssig zu sein, ist in ganz konkreten Vorkommnissen verwurzelt. In dieser Hinsicht ist alles Leiden einmalig und unverwechselbar, in besonderer Weise das Leiden Jesu. Seine Jünger verließen ihn, Pilatus verurteilte ihn, römische Soldaten peinigten und kreuzigten ihn.

Doch solange du nur auf die Besonderheiten siehst, entgeht dir die volle Bedeutung deines Schmerzes. Du täuschst dich selbst, wenn du meinst, deinen Schmerz gäbe es nicht, wären die Menschen, die Umstände und Ereignisse anders gewesen.

Das mag zwar zum Teil richtig sein, aber die tiefere Wahrheit ist, dass die Situation, die deinen Schmerz hervorrief, ganz einfach die Art und Weise war, in der du mit dem unausweichlichen menschlichen Leid in Berührung gekommen bist. Mit deinem

*Ich habe in den vergangenen Wochen ein [Bild] von Delacroix und mehrere von Millet kopiert. Das nach Delacroix ist eine Pietà, nämlich der tote Christus mit der Schmerzensmutter. Am Eingang zu einer Grotte lehnt an der linken Wand der zusammengesunkene Leichnam, die Arme nach vorn gestreckt, hinter ihm die Frau. Es ist der Abend nach einem Gewitter. Die todtraurige, blau gekleidete Gestalt, deren Gewänder im Wind flattern, hebt sich von einem Himmel ab, an dem violette, goldgeränderte Wolken treiben. Auch sie streckt in einer weiten, verzweifelten Geste die leeren Arme nach vorn. Man sieht ihre geöffneten Hände, die kräftigen Hände einer Arbeiterin …
Während das Gesicht des Toten im Schatten liegt, hebt sich der bleiche Kopf der Frau hell von einer dunklen Wolke ab.*

(Willemien 14) Saint-Rémy, Herbst 1889

Seite 79:
Pietà (nach Delacroix)
Saint-Rémy, September 1889
Amsterdam, Rijksmuseum Vincent van Gogh
Vincent-van-Gogh-Stiftung

Schmerz nimmst du konkret am Schmerz der Menschheit teil. Deshalb bedeutet Heilung, so paradox es klingen mag: sich von *deinem* Schmerz abwenden und sich *dem* Schmerz, dem Schmerz schlechthin, zuwenden. Wenn du dich nur auf die besonderen Umstände deines Schmerzes konzentrierst, wird dich bald Zorn, Empörung, ja Rachsucht erfassen. Um deinen Schmerz zu mildern, neigst du dazu, etwas gegen seine äußeren Symptome zu tun. Das ist auch der Grund, warum du oft nach Rache sinnst.

Wirkliche Heilung ergibt sich aus der Einsicht, dass dein eigener, besonderer Schmerz ein Teil des Schmerzes der Menschheit ist. Diese Einsicht erlaubt es dir, deinen Feinden zu vergeben und in ein wahrhaft mitleidendes Leben einzutreten. Es ist der Weg Jesu, der am Kreuz betete: «Vater, vergib ihnen, denn sie wissen nicht, was sie tun» (Lukas 23,34). So konkret das Leiden Jesu auch war: sein Leiden war das Leiden der ganzen Menschheit. *Sein* Schmerz war *der* Schmerz.

Immer wenn du deine Aufmerksamkeit von der äußeren Situation, die deinen Schmerz hervorrief, abwendest und dem Schmerz der Menschheit, an dem du teilhast, zuwendest, wird er erträglicher. Er wird eine «leichte Last» und ein «Joch, das nicht drückt» (vgl. Matthäus 11,30). Sobald du erkennst, dass du aufgerufen bist, in Solidarität mit den Hungernden, den Heimatlosen, den Gefangenen, den Flüchtlingen, den Kranken und Sterbenden zu leben, beginnt sich dein persönlicher Schmerz in den Schmerz zu wandeln und findest du neue Kraft, ihn zu leben. Darin liegt die Hoffnung aller Christen.

III, 108

10. Kummer, ein Weg zum Mitleid

Es mag seltsam klingen, tiefen Kummer als einen Weg zum Mitleid anzusehen. Doch es ist so. Zu diesem Kummer gehört, dass ich die Sünden der Welt, meine eigenen eingeschlossen, mein Herz durchdringen lasse und dass ich ihretwegen Tränen vergieße, viele Tränen. Es gibt kein Mitleid und kein Erbarmen, ohne viele Tränen, und wenn es keine Tränen meiner Augen sein können, so müssen es doch Tränen sein, die aus meinem Herzen kommen. Denke ich an die Verirrungen und Verfehlungen der Kinder Gottes, an unsere Habsucht, Gier, Gewalt, unsere Wutausbrüche, Empfindlichkeiten und Verbitterungen, und sehe ich das alles mit den Augen des Herzens Gottes an, kann ich nur weinen vor Kummer.

Sieh dir das an, meine Seele, wie ein Mensch einem anderen so viel Schmerz zu bereiten sucht, wie er nur kann, sieh die Menschen, was sie sich alles ausdenken, um ihren Mitmenschen zu schaden; sieh, wie Eltern ihre Kinder misshandeln; sieh, wie mächtige Konzerne ihre Arbeiter ausbeuten; sieh die Opfer von Gewalt, verletzte Frauen, missbrauchte Männer, ausgesetzte Kinder. Sieh dir das an, meine Seele, diese Welt; sieh die Konzentrationslager, die Gefängnisse, die Krankenhäuser, die Pflegeheime, und höre die Schreie der Armen.

Solche Klage aus tiefstem Kummer ist Gebet. Es sind so wenige Trauernde in dieser Welt übrig geblieben. Kummer aber ist die Kunst des Herzens, die die Sünde der Welt erkennt und weiß, dass dies der traurige Preis der Freiheit ist, ohne die es ein Aufblühen von Liebe nicht geben kann. Ich fange an, zu verstehen, dass Gebet weithin kummervolle Klage ist.

Kummer geht deshalb so tief, nicht nur weil die Sünde des Menschen so groß ist, sondern auch und noch mehr, weil die Liebe Gottes so unergründlich ist. Um wie der Vater zu werden, dessen einzige Autorität Mitleiden und Erbarmen ist, habe ich unzählige Tränen zu weinen; so wird mein Herz bereitet, einen jeden aufzunehmen, wie auch immer sein Weg gewesen sein mag, und ihm aus einem solchen Herzen zu vergeben.

VI, 152

11. Von Gott geliebt

Jesus zeigt uns den Weg des Mitleidens durch sein Wort und durch sein Leben. Jesus spricht und lebt als der geliebte Sohn Gottes. Der Evangelist Matthäus überliefert eines der zentralsten Ereignisse im Leben Jesu: «Kaum war Jesus getauft und aus dem Wasser gestiegen, da öffnete sich der Himmel, und er sah den Geist Gottes wie eine Taube auf sich herabkommen. Und eine Stimme aus dem Himmel sprach: ‹Das ist mein geliebter Sohn, auf ihm ruht mein Gefallen›» (Matthäus 3,16 f).

Dieses Ereignis offenbart die wahre Identität Jesu. Er ist der von Gott Geliebte. Diese geistliche Wahrheit bestimmt Jesu Denken, Reden und Handeln. Es ist der Fels, an dem sein mitleidender Dienst verankert ist. Darauf weisen Matthäus, Markus und Lukas deutlich hin, wenn sie festhalten, dass derselbe Geist, der auf Jesus herabkam, als er nach der Taufe aus dem Wasser stieg, ihn auch in die Wüste führte, wo er in Versuchung geführt werden sollte (vgl. Matthäus 4,1; Markus 1,12; Lukas 4,1). Dort trat der «Versucher» an Jesus heran und verlangte von ihm den Beweis, dass er wert war, geliebt zu werden.

Der «Versucher» sagte zu ihm: «Tu etwas Nützliches, wie Steine in Brot verwandeln. Tu etwas Sensationelles, wie dich von einem hohen Turm hinabstürzen. Tu etwas, was dir Macht verschafft, wie dich vor mir niederwerfen!»

Diese drei Versuchungen waren drei Anläufe, Jesus dazu zu verleiten, um Liebe zu konkurrieren. Die Welt des «Versuchers» ist dieselbe Welt, in der Menschen in Konkurrenz um Liebe stehen, indem sie etwas Nützliches, Sensationelles und Machtvolles tun und dafür eine Medaille gewinnen, die ihnen Ansehen und Bewunderung verschafft.

Doch Jesus gibt eine klare Antwort: «Ich brauche keinen Beweis zu liefern, dass ich der Liebe wert bin. Ich bin der von Gott Geliebte; der, auf dem Gottes Gefallen ruht.» Dieser Sieg über den «Versucher» gab Jesus die Freiheit, das mitleidende Leben zu wählen.

VII, 97

12. Frei für ein Leben mitleidender Teilhabe

Wenn wir beten, entdecken wir nicht nur uns selbst und Gott, sondern auch unseren Nächsten. Denn wir bekennen im Gebet nicht nur, dass Menschen Menschen sind und Gott Gott ist, sondern auch, dass unser Nächster unser an unserer Seite lebender Bruder oder unsere Schwester ist. Denn dieselbe Umkehr, die uns zur schmerzlichen Erkenntnis unserer verwundeten menschlichen Natur führt, verhilft uns auch zu der beglückenden Erfahrung, dass wir nicht allein sind, sondern dass Menschsein Gemeinschaft mit anderen bedeutet.

Und genau an diesem Punkt wird das Mitleiden geboren. Mitleiden wächst mit der inneren Erkenntnis, dass unser Nächster unsere Menschlichkeit mit uns teilt. Diese Partnerschaft durchbricht alle Mauern, die uns trennen. Über alle Barrieren von Land und Sprache, von Wohlstand und Armut, Wissen und Unwissen hinweg sind wir alle eins, erschaffen aus demselben Staub, unterworfen denselben Gesetzen und bestimmt für dasselbe Ziel.

Bei solchem Mitleiden können wir sagen: «Im Gesicht des Unterdrückten erkenne ich mein Gesicht, und an den Händen des Unterdrückers erkenne ich meine Hände. Ihr Fleisch ist mein Fleisch, ihr Blut ist mein Blut; ihr Schmerz ist mein Schmerz, ihr Lächeln mein Lächeln. Ihre Fähigkeit zu peinigen steckt auch in mir, ihr Vermögen zu vergeben sehe ich auch bei mir. Es gibt nichts bei mir, das nicht auch zu ihm gehört. Es gibt nichts bei ihnen, das nicht auch zu mir gehört. In meinem eigenen Herzen erkenne ich ihr Verlangen nach Liebe, und in meinen Eingeweiden kann ich ihre Grausamkeit spüren. In den Augen des anderen sehe ich mein drängendes Bitten um Vergebung, und in einem harten, finsteren Blick erkenne ich mein Verweigern.

Wenn jemand tötet, bin ich mir bewusst, dass auch ich es tun könnte, und wenn jemand Leben stiftet, weiß ich, dass ich es ebenso vermöchte. In den Tiefen meines Seins begegne ich meinen Mitmenschen, mit denen ich Liebe und Hass, Leben und Tod teile. Mitleiden bedeutet: unser gemeinsames Schicksal anzuerkennen wagen, um mit allen zusammen in das Land aufzubrechen, das Gott uns zeigt. Mitleiden bedeutet auch teilnehmen an der Freude, was ebenso wichtig sein kann wie teilnehmen am Schmerz; anderen die Chance geben, vollkommen glücklich zu sein, deren Freude zum Blühen zu bringen …

Solches Mitleiden ist jedoch mehr als ein Teilnehmen an einer sklavischen Abhängigkeit mit denselben Ängsten und demselben Seufzen nach Linderung und auch mehr als eine geteilte Freude. Wenn nämlich unser Mitleiden dem Gebet entspringt, entspringt es unserer Begegnung mit Gott, der auch der Gott aller Menschen ist. In dem Augenblick, da uns ganz und gar bewusst wird, dass derselbe Gott, der uns bedingungslos liebt, jedem einzelnen Menschen dieselbe Liebe schenkt, eröffnet sich uns eine neue Weise des Lebens.

Denn wir werden diejenigen, die in dieser Welt neben uns leben, mit neuen Augen sehen. Wir werden erkennen, dass es auch für sie keinen Grund zur Angst gibt, dass auch sie keine Waffen brauchen, um Mensch zu sein. Wir werden sehen, dass der innere Garten der Liebe, der lange Zeit vernachlässigt war, auch für sie bestimmt ist.

Umkehr zu Gott bedeutet deshalb auch Umkehr zum anderen, der mit mir in dieser Welt lebt. Der Bauer, der Arbeiter, der Student, der Gefangene, der Kranke, der Unterdrückte wie der Unterdrücker, der Patient wie der heilende Arzt, der Gepeinigte wie der Peiniger, sie alle sind nicht nur Menschen wie ich und du, sondern ebenso aufgerufen, mit uns zu erkennen, dass Gott ein Gott aller ist.

Auf diese Weise verdrängt mitleidende Teilnahme alle Anmaßung, wie es auch falscher Bescheidenheit den Boden entzieht. Mitleidende Teilnahme fordert dazu auf, alles und alle zu verstehen, sich selbst und die anderen im Licht Gottes zu sehen und jedem, dem wir begegnen, frohen Herzens zu sagen, dass es keinen Grund zur Angst gibt, dass der Acker bereit ist, bestellt zu werden und reiche Frucht zu bringen.

Das ist freilich nicht ganz einfach und birgt Risiken, denn Mitleiden bedeutet, eine Brücke zu anderen zu schlagen, ohne zu wissen, ob sie auch erreicht werden wollen. Unser Bruder oder unsere Schwester könnten so verbittert sein, dass er oder sie von uns nichts mehr erwarten. Dann stößt unser Teilnehmen auf Verschlossenheit und Ablehnung. Dabei fällt es schwer, nicht verärgert zu reagieren und sich zu sagen: «Da sieht man's doch, es hat keinen Zweck!»

Und dennoch ist mitleidende Teilnahme möglich, wenn es im Gebet verwurzelt ist. Im Gebet verlassen wir uns nämlich nicht auf unsere eigene Stärke und ebenso wenig auf das Wohlwollen eines anderen, sondern einzig und allein auf unser Vertrauen zu Gott. Deshalb macht uns das Gebet frei für ein Leben mitleidender Teilhabe, selbst dann, wenn es keine dankbare Erwiderung findet oder Belohnung einbringt.

V, 67

13. Beten als Mitleiden

Oft habe ich zu Menschen gesagt: «Ich werde für Sie beten.» Aber wie oft habe ich mich tatsächlich auf die volle Wirklichkeit dessen eingelassen, was das bedeutet? Jetzt geht mir auf, wie ich wirklich tiefer in den andern eingehen und aus seiner Mitte heraus zu Gott beten kann.

Wenn ich wirklich meine Freunde und die vielen, für die ich bete, in mein innerstes Sein hineinnehme und ihre Schmerzen, ihre Kämpfe, ihre Schreie in meiner eigenen Seele fühle, dann verliere ich sozusagen mich selbst und werde mit ihnen identisch, dann habe ich Mitleid. Das *Mitleid* macht den Kern unseres Gebets für unsere Mitmenschen aus. Wenn ich für die Welt bete, werde ich mit der Welt identisch; wenn ich für die endlosen Bedürfnisse der Millionen bitte, weitet sich meine Seele und möchte sie alle umspannen und in die Gegenwart Gottes stellen.

Aber mitten in dieser Erfahrung erkenne ich, dass das Mitleid nicht meine eigene Leistung, sondern ein Geschenk Gottes an mich ist. Ich kann die Welt gar nicht umspannen, aber Gott kann es. Ich kann gar nicht beten, aber Gott kann in mir beten. Als Gott so geworden ist, wie wir sind, das heißt, als Gott uns allen erlaubt hat, in sein innerstes Leben einzugehen, da ist es für uns möglich geworden, an seinem unendlichen Mitleiden teilzunehmen.

Wenn ich für die anderen bete, verliere ich mich selbst und werde mit den anderen identisch, und so findet mich die göttliche Liebe bei ihnen, diese Liebe, die die ganze Menschheit in einer einzigen großen Umarmung des Mitleids umfasst.

IV, 135

14. Gottes Herz

Was heißt das: In der Welt leben mit einem wahrhaft mitleidenden Herzen, das jederzeit und für jeden Menschen offen ist?

Es ist sehr wichtig zu erkennen, dass Mitleiden mehr bedeutet als Sympathie oder Empathie, mitfühlendes oder einfühlendes Verstehen. Hören wir die Klage der Menschen und fühlen wir uns in ihr Leiden ein, werden wir bald an unsere emotionalen Grenzen stoßen. Wir können nur für kurze Zeit und nur auf ein paar Leute hören. Unsere Welt «bombardiert» uns ständig mit Nachrichten über menschliches Elend, unser Herz und unser Empfinden werden übersättigt und stumpfen ab.

Doch Gottes mitleidendes Herz hat keine Grenzen. Es ist größer, unendlich größer als das menschliche Herz. Dieses göttliche Herz möchte Gott uns geben, damit wir alle Menschen lieben können, ohne dass die Liebe erlischt oder stumpf wird.

Um solch ein mitleidendes Herz geht es, wenn wir beten:

Erschaffe mir, Gott, ein reines Herz,
und gib mir einen neuen, beständigen Geist!
Verwirf mich nicht von deinem Angesicht,
und nimm deinen heiligen Geist nicht von mir!
(Psalm 51,12f).

Der heilige Geist Gottes wurde uns gesandt, damit wir an Gottes Mitleiden teilhaben und dadurch jederzeit alle Menschen mit dem Herzen Gottes erreichen können.

VII, 108

15. Christus sehen – ein Gebet

Herr Jesus, du sagst zu mir: «Was du für einen meiner geringsten Brüder und Schwestern getan hast, das hast du mir getan» (vgl. Matthäus 25,40). Der Hungernde, der Dürstende, der Nackte, der Gefangene, der Flüchtling, der von Angst Geplagte, der Sterbende, sie alle umgeben mich und zeigen mir dein gebrochenes Herz. Ich sehe dich, sooft ich durch die Straßen gehe, sooft ich das Fernsehen einschalte, sooft ich die Zeitung aufschlage, sooft ich einer Frau, einem Mann oder einem Kind, das zu mir kommt, Aufmerksamkeit schenke. Ich sehe dich, sooft sich mein Blick auf die Pein derer richtet, mit denen ich Tag für Tag lebe. Du bist ganz nah, näher als ich je wusste, ehe ich auf deine durchstochene Seite blickte. Du bist in dem Haus, in das ich gehöre, in meiner Straße, in der ich wohne, in meinem Land, in dem ich lebe. Du bist, wo ich gehe und wo ich stehe, wo ich schlafe und wo ich esse, wo ich arbeite und wo ich ausruhe. Du bist nie weit weg von mir.

Herr Jesus, das sind keine sentimentalen Gedanken. O nein … du, der alle Menschen an sich zog, da du zu deiner Pein und deiner Herrlichkeit erhöht wurdest, du bleibst bei uns als der verwundete und auferstandene Herr.

Wann immer ich dein gebrochenes Herz berühre, berühre ich die Herzen deiner gebrochenen Menschen; und wann immer ich die Herzen deiner gebrochenen Menschen berühre, berühre ich dein Herz.

I, 142

Ich male jetzt mit demselben Eifer,
mit dem ein Marseiller seine Bouillabaisse löffelt,
was Dich nicht wundern wird, wenn Du hörst,
dass ich große Sonnenblumen male ...
Ich bin beim vierten Sonnenblumenbild.
Es ist ein Strauß von vierzehn Blumen vor einem gelben
Hintergrund, wie ein Stillleben mit Quitten und Zitronen,
das ich früher mal gemacht habe.

(526, 527) Arles, August 1888

Seite 92:
Vierzehn Sonnenblumen in einer Vase
Arles, Januar 1889
Amsterdam, Rijksmuseum Vincent van Gogh
Vincent-van-Gogh-Stiftung

Vincent

Zweiter Teil

Worte wie Feuer

Aus Briefen von Vincent van Gogh

Vincents ganze Existenz ist eine an die Menschen gehende Aussage, nicht seine Bilder allein, auch seine Worte, an die wir uns hier halten wollen, um ihm zuzuhören. Es kommt vor, dass Worte wahrer sind als Taten, weil sie gelegentlich ungehinderter, und unaufgehalten von der Materie des Schicksals und der Gestaltung, das Innerste des Menschen, das Gemeinte und Ersehnte bekunden können.

Besonders wenn sie vom Herdfeuer «einer unendlichen Liebe, einer großherzigen Menschlichkeit» (Karl Jaspers) kommen. Hat das Feuer der provenzalischen Sonne den Maler Vincent verzehrt, um aus seinen Bildern zu lodern, so ist es auch das Element, das Frierende um sich sammelt, das man hütet, das Leben gewährt, das Licht verbreitet, «freundliches Licht», wie Vincent gerne sagt ...

Das Feuer ist das Element der Nähe, auch wenn es von fern her oder in der Ferne strahlt. So hat Vincent van Gogh trotz seines religiösen Grundzuges nicht mythische Gestalten und nicht Heiligenfiguren, und trotz seines vielen Nachdenkens keine Gedanken gemalt, sondern das sinnenhaft Naheliegende, die einfache Landschaft, die hart arbeitenden, bedrückten Menschen ... Ihnen wollte er nahe sein. Den «Heiligenschein» der schlichten Menschen wollte er zum Leuchten bringen.

Aus dem Vorwort von Maria Otto
zu «Worte wie Feuer»

I. Erniedrige ich mich, wenn ich mit den Menschen lebe, die ich zeichne?

ICH KANN NICHT einsehen, Theo, dass ich solch ein Ungeheuer an Grobheit und Unhöflichkeit sein soll, um zu verdienen, dass ich von der menschlichen Gesellschaft abgeschnitten werde, oder wie Tersteeg sagt, dass man «mir nicht erlauben dürfte, in Den Haag zu bleiben».

Erniedrige ich mich, wenn ich mit den Menschen lebe, die ich zeichne? Erniedrige ich mich, wenn ich in die Häuser der Arbeiter und armen Leute gehe, und wenn ich sie in meinem Atelier empfange?

(190) Den Haag

HIER IN DEN HAAG sehe ich eine Welt, an der sehr viele Leute vorbeigehen, und die sehr verschieden ist von dem, was die meisten Maler machen … Wenn eine Gestalt mein Auge fesselte, bekam ich wiederholt zu hören: «Hu, diese schmutzigen Leute!» oder «Diese Person!»

Es ist, wie wenn sie vorsätzlich dem Ernstesten, dem Schönsten aus dem Weg gingen.

(276) Den Haag

WER AUFRICHTIG LEBT und viel Unglück und Enttäuschung erfährt und sich dadurch doch nicht beugen lässt, der ist nicht mehr wert als einer, der immer Rückenwind hat und dauernd im Wohlstand lebt. Denn wer sind sie, an denen man die Zeichen von etwas Höherem entdeckt? Es sind jene, denen die

Worte gelten: «Mühselige, euer Leben ist traurig und mühsam, ihr leidet im Leben, Mühselige, ihr seid selig.»

(121) Amsterdam, 3. April 1878

ZUNEHMEND FINDE ICH etwas Ergreifendes und fast traurig Stimmendes in diesen armen, unbeachteten Arbeitern – den rangmäßig Niedrigsten sozusagen, den Verachtetsten, die man im Allgemeinen als eine Rasse von Kriminellen hinstellt.

(136) Cuesmes, Borinage, 24. September 1880

SCHON ALS JUNGE habe ich oft mit unendlicher Sympathie, sogar mit Hochachtung zu einem halb verwelkten Frauengesicht aufgesehen, auf dem gleichsam geschrieben stand: Das Leben in seiner Wirklichkeit hat hier seine Spur hinterlassen.

(164) Etten, Dezember 1881

ICH HABE VERSUCHT zu betonen, dass diese Leute, die ihre Kartoffeln im Lampenlicht essen, die Erde umgegraben haben mit denselben Händen, die in die Schüssel langen, und so spricht es *von ihrer Hände Arbeit* und wie sie ihr Essen ehrlich verdient haben.

(404) Nuenen

HÄTTE ICH DIE KRAFT gehabt weiterzumachen, so hätte ich die Porträts heiliger Männer und Frauen nach der Natur gemalt, und sie wären wie aus einem anderen Zeitalter gewesen, sie wären Bürgerfrauen von heute gewesen, und doch hätten sie etwas gemeinsam gehabt mit den ersten Christen.

(605) Saint-Rémy

MAN IST SICH seiner Sache nicht auf einmal sicher, man kann die Dinge nicht voraussehen, es sei denn ganz unbestimmt, doch da ist etwas, was man Gewissen nennt, eine Art Kompass, mit dessen Hilfe man zwischen dieser und jener Richtung – zwischen Nord und Süd – zwischen links und rechts unterscheiden kann – wenigstens allgemein gesprochen. Trotz zufälligen Strömungen und trügerisch lockenden Küsten ist man daher in der Lage zu sagen: Das ist für mich doch nicht die rechte Richtung.

(337) Drenthe, Herbst 1883

MAN MUSS DER Gesellschaft das Ihre geben, aber gleichzeitig sich absolut frei fühlen, nicht an sein eigenes Urteil glauben, sondern an die «Vernunft» (mein Urteil ist menschlich, die Vernunft ist göttlich, aber da ist ein Bindeglied zwischen den beiden), und glauben, dass mein Gewissen der Kompass ist, der mir den Weg zeigt, wiewohl ich weiß, dass er nicht ganz akkurat arbeitet.

(336) Drenthe, 1883

ONKEL COR HAT mich heute gefragt, ob ich die «Phryne» von Gérôme nicht schön finde. Ich sagte ihm, mir sei eine unansehnliche Frau von Israëls oder Millet oder eine alte Frau von Edouard Frère lieber; denn was soll so ein schöner Körper wie der Phrynes? Den haben die Tiere auch, vielleicht sogar mehr noch als die Menschen; aber die Seele, wie sie in den Menschen lebt, die Israëls oder Millet oder Frère malen, so etwas haben die Tiere nicht. Ist uns das Leben nicht gegeben, damit wir reicher werden im Geist, auch wenn die äußere Erscheinung leiden muss?

Dann fragte mich Onkel Cor, ob ich mich denn nicht zu einer schönen Frau oder einem schönen Mädchen hingezogen fühlte.

Ich gab zur Antwort, ich würde mich mehr hingezogen fühlen und würde lieber zu tun haben mit einer, die hässlich oder arm oder irgendwie unglücklich wäre, die aber durch Erfahrung und Kummer ein Gemüt und eine Seele gewonnen hätte.

(117) Amsterdam, 9. Januar 1878

EIN BAUERNMÄDCHEN IN seinem staubigen, geflickten blauen Rock und der Jacke, die durch Wetter, Wind und Sonne die feinsten Farbtöne bekommen hat, ist in meinen Augen schöner als eine Dame. (404)

ICH KANN NICHTS dafür, dass meine Bilder sich nicht verkaufen. Doch die Zeit wird kommen, wo man sehen wird, dass sie mehr wert sind als die Kosten für die Farben und für mein immerhin recht kümmerliches Leben, die dafür aufgebracht werden.

Es martert mich, dass jetzt keine Nachfrage dafür ist, weil Du (Theo) darunter leidest, doch soweit es mich betrifft – wenn nur Du nicht zu sehr bekümmert bist, dass ich nichts einbringe –, so ist es mir ziemlich egal. (557) Arles

WENN MEINE ARBEITEN abgelehnt werden oder nicht gefallen, muss man es ruhig und mit so viel Würde wie möglich tragen.

Ich fürchte so sehr, dass die Schritte, die ich unternehmen würde, um mich selbst einzuführen, mehr schaden als nützen würden, und ich wünschte, ich könnte es vermeiden.

Es ist praktisch immer so peinvoll für mich, mit anderen Leuten zu reden.

Ich fürchte mich nicht davor, aber ich weiß, ich mache einen ungünstigen Eindruck.

(312) Den Haag

WEIL ICH – Du weißt es – Mauve gern habe – und es ist so hart, dass aus all dem Glück, das er mir in Aussicht gestellt hat, nichts werden soll. Denn ich fürchte, je besser meine Zeichnungen werden, desto mehr Schwierigkeiten und Widerstand werden mir begegnen. Und ich werde viel zu leiden haben, besonders wegen dieser Besonderheiten, die ich nicht ändern kann. Erstens meine äußere Erscheinung und meine Sprechweise und meine Kleidung; und dann, auch später, wenn ich mehr verdiene, werde ich mich immer in einem anderen Kreis bewegen als die meisten anderen Maler, da meine Auffassung von den Dingen, die Themen, die ich mir vornehmen will, dies unerbittlich verlangen.

(190) Den Haag

SIE HABEN DIE gleiche Scheu davor, mich ins Haus zu nehmen, wie davor, einen großen, zottigen Hund hereinzulassen. Er tappt mit nassen Pfoten ins Zimmer herein – und er ist so zottig. Allen läuft er in den Weg. Und er bellt so laut. Kurz, er ist ein schmutziges Biest.

Nun gut – aber das Biest hat eine menschliche Geschichte, und obschon es nur ein Hund ist, hat es eine menschliche Seele, und sogar eine sehr empfindsame, die ihn fühlen lässt, was die Leute von ihm denken, was ein gewöhnlicher Hund nicht kann.

Und ich, da ich hinnehmen muss, dass ich ein Hund bin, lasse sie stehen.

(346) Nuenen

SELBST WENN ICH keinen Erfolg haben sollte, würde ich gleichwohl denken, dass das, woran ich gearbeitet habe, weitergeführt wird. Nicht unmittelbar, aber man ist nicht allein im Glauben an das Wahre. Und was hat das persönlich zu bedeuten! Ich fühle so stark, dass es mit den Menschen das Gleiche ist wie mit dem Weizen; wenn man nicht in die Erde gesät wird, um dort zu keimen, was macht es? – Am Ende wird man zwischen den Mühlsteinen zermahlen, um zu Brot zu werden.

(607) Saint-Rémy, 1889

II. Was in Liebe getan wird

MAN SOLL LIEBEN, soviel man kann, und darin liegt die wahre Stärke, und wer viel liebt, der tut auch viel und der vermag viel, und was in Liebe getan wird, das wird gut getan. (121)

JE MEHR ICH darüber nachdenke, desto mehr fühle ich, dass es nichts gibt, was wahrhaft künstlerischer wäre, als die Menschen zu lieben. (538)

MAN SOLLTE ANNEHMEN, Menschenliebe, die das Fundament von allem ist, sollte in jedem Menschen sein. Aber manche behaupten, es gebe bessere Fundamente. Auf die bin ich nicht sehr neugierig. (279) Den Haag

ES SCHEINT MIR immer mehr, dass die Menschen die Wurzel von allem sind. (476) Arles, 1888

MENSCHEN SIND WICHTIGER als Dinge, und je mehr Mühe ich mir mit meinen Bildern gebe, umso mehr lassen mich Bilder an sich selbst kalt. (492) Arles, 1888

ICH HABE KEINE Wohltätigkeitspläne, als wollte ich jedermann helfen, aber ich schäme mich nicht zu sagen, dass ich immer das Bedürfnis gehabt habe und haben werde, irgendein Mitgeschöpf zu lieben. Vorzugsweise – ich weiß nicht warum – ein unglückliches, preisgegebenes oder verlassenes Geschöpf.

Einmal habe ich sechs Wochen oder zwei Monate lang einen armen elenden Bergarbeiter gepflegt, der Verbrennungen hatte.

Ich habe mein Essen einen ganzen Winter lang mit einem armen alten Mann geteilt, und der Himmel weiß, was noch alles, und nun ist Sien da. Aber ich habe das nie für töricht oder für verkehrt gehalten. Ich halte es für so natürlich und richtig, dass ich nicht verstehen kann, wie die Leute im Allgemeinen so gleichgültig zueinander sein können. Ich muss hinzufügen, wäre es verkehrt, so zu handeln, so wäre es auch verkehrt von Dir, mich so treu zu unterstützen. Ich habe immer geglaubt, dass «Liebe deinen Nächsten wie dich selbst» keine Übertreibung ist, sondern ein normaler Zustand. Und Du weißt, ich werde jede Anstrengung machen, dass meine Zeichnungen bald zu verkaufen sind, eben weil ich Deine Güte nicht missbrauchen will.

(219) Den Haag

NUN STEHE ICH Christien gegenüber und muss mich fragen: Wie wäre mir zumute, wenn jemand mir erst hilft und mich dann im Stich lässt? Würde ich dann nicht denken, ein Mensch, der so gehandelt hat, hätte besser daran getan, mich allein zu lassen? Führt er nicht zu Ende, was er begonnen hat, so hat er mich eigentlich betrogen.

(198) Den Haag

SCHÖN, MEINE HERRSCHAFTEN, ich will es euch sagen, euch, die ihr auf gute Manieren und Bildung so viel Wert legt, und ganz recht so, wenn es nur die rechte Art ist: Was ist delikater, verfeinerter, männlicher – eine Frau im Stich zu lassen oder einer Verlassenen sich anzunehmen? (192)

HABEN WIR EINMAL die Lage begriffen, so erwacht in uns ein so abgrundtiefes Mitleid, dass wir nicht länger zögern können.

Es gibt Dinge, von denen wir empfinden, dass sie gut und wahr sind, wenn auch im kalten Licht des Verstandes und der Berechnung betrachtet vieles daran unverständlich und dunkel bleibt … Was können wir sagen, wenn einmal die verborgenen Kräfte der Sympathie und der Liebe in uns geweckt wurden? … Gegen die Welt werden wir nicht argumentieren können, ihre Einwände nicht entkräften können, aber das ist auch nicht wichtig; wer sich den Glauben an Gott bewahrt hat, hört manchmal die leise Stimme des Gewissens; dann tut man gut daran, ihr zu folgen mit der Naivität eines Kindes.

(259) Den Haag

ICH GLAUBE, JE mehr man liebt, desto mehr will man handeln; denn Liebe, die nur ein Gefühl ist, würde ich gar nicht als Liebe anerkennen.

(Rappard 34) Den Haag, November 1882

NUR DANN FINDE ich Grundsätze gut und der Mühe wert, wenn sie sich zu Taten entwickeln. Auch halte ich es für wichtig, nachzudenken und zu versuchen, gewissenhaft zu sein, weil das die Arbeitskraft eines Menschen bestimmt und die einzelnen Taten zu einem Ganzen macht … Denn das Große kommt nicht allein durch einen Impuls zustande, sondern ist ein Aneinanderreihen kleiner Dinge, die zu einem Ganzen vereint wurden.

(218) Den Haag, Juli 1882

MITLEID IST VIELLEICHT nicht Liebe, aber es kann dennoch sehr tief gehen.

(338) Drenthe, 1883

ICH GLAUBE, WENN man Figuren machen will, muss man ein warmes Empfinden haben … man muss nämlich wirkliche Liebe zu seinen Mitgeschöpfen haben. Jedenfalls versuche ich mein Bestes, so viel wie möglich in einer solchen Stimmung zu sein.

(239) Den Haag

ICH DENKE IMMER, das beste Mittel, Gott zu erkennen ist, viel zu lieben. Liebe einen Freund, eine Frau, ein Ding – was immer du willst –, dann bist Du auf dem Weg, mehr über Ihn zu erfahren; das ist es, was ich mir sage. Aber man muss mit einer hohen und ernsten, intimen Sympathie lieben, mit Stärke, mit Einsicht; und man muss immer versuchen, tiefer, besser und mehr zu erkennen. Das führt zu Gott, das führt zu unerschütterlichem Glauben.

(133) Cuesmes, Borinage, Juli 1880

ES KANN SEIN, dass Leute, die nichts anderes tun, als verliebt zu sein, ernster und heiliger sind als solche, die *ihre Liebe und ihr Herz einer Idee opfern*. Wie dem auch sei, um ein Buch zu schreiben, eine Tat zu vollbringen, ein Bild zu malen, darin Leben ist, muss man selbst ein lebendiger Mensch sein.

(W 1) Paris, 1887

ICH HOFFE IMMER noch etwas zu entdecken, die Liebe zweier Liebender durch eine Vermählung zweier Komplementärfarben auszudrücken, durch ihre Mischung und ihre Entgegensetzung, durch die geheimnisvollen Vibrationen verwandter Töne. Das Nachdenkliche einer Stirn auszudrücken durch das Aufstrahlen eines lichten Tones gegen einen düsteren Hintergrund.

Die Hoffnung durch einen Stern auszudrücken, die Sehnsucht einer Seele durch einen strahlenden Sonnenuntergang.

(531) Arles, 1888

JETZT MÖCHTE ICH unbedingt einen gestirnten Himmel malen. Oft scheint es mir, als sei die Nacht noch reicher an Farben als der Tag mit diesen tiefen Tönen von Violett, Blau und Grün.

Wenn Du darauf achtest, wirst Du sehen, dass gewisse Sterne zitronengelb sind, andere glühen rosa oder haben einen grünen, blauen und vergissmeinnichtfarbenen Glanz. Soviel ist klar, dass es nicht genügt, kleine weiße Punkte auf einen blauschwarzen Hintergrund zu setzen.

(W 7) Arles, September 1888

UND ES TUT mir gut, etwas Schweres zu machen. Das hindert nichts daran, dass ich ein schreckliches Bedürfnis – soll ich das Wort sagen? – nach Religion habe. Dann gehe ich in die Nacht hinaus und male die Sterne.

(543) Arles

ES MACHT MIR ungeheures Vergnügen, die Nacht an Ort und Stelle zu malen … Es ist der einzige Weg, von den konventionellen Nachtszenen wegzukommen mit ihrem ärmlichen, fahlen, weißlichen Licht, wo doch eine einfache Kerze uns schon die reichsten gelben und orangefarbenen Töne beschert …

Meine liebe Schwester, ich glaube, dass es heutigentags unsere Pflicht ist, die reichen und prächtigen Seiten der Natur zu malen. Wir haben Heiterkeit nötig und Glück, Hoffnung und Liebe.

(W 7) Arles, September 1888

ICH MÖCHTE BÜNDIGERES, Einfacheres, Ernsteres; ich möchte mehr Seele und mehr Liebe und mehr Herz. (252) Den Haag

NICHTS GERINGERES ALS das Unendliche und das Wunderbare ist uns notwendig, und der Mensch tut gut daran, sich mit nichts Geringerem zufrieden zu geben und sich nicht daheim zu fühlen, solange er es nicht erlangt hat.

Das ist das Glaubensbekenntnis, das alle guten Menschen in ihren Werken ausgedrückt haben, alle, die ein wenig tiefer gedacht und nach mehr gesucht und mehr gearbeitet und geliebt haben als andere – die hinabgetaucht sind in die Tiefen des Lebensmeeres.

(121) Amsterdam, 3. April 1878

SO LEBE ICH weiter als ein Unwissender, der nur dies eine weiß: «Innerhalb weniger Jahre muss ich ein bestimmtes Werk vollbringen.» Die Welt geht mich nur insoweit an, als ich eine gewisse Pflicht und Schuldigkeit ihr gegenüber habe, da ich dreißig Jahre lang auf dieser Erde herumgestapft bin, und da ich, aus Dankbarkeit, ein Andenken in Form von Zeichnungen oder Gemälden hinterlassen möchte – nicht um einen gewissen Kunstgeschmack zu befriedigen, sondern um ein aufrichtiges menschliches Fühlen zum Ausdruck zu bringen. Dieses Werk ist mein Ziel – und wenn man sich auf diese eine Idee konzentriert, vereinfacht sich alles, was man tut, es ist nicht chaotisch, sondern alles wird in dieser Absicht getan.

So betrachte ich mich selbst – als einen, der in wenigen Jahren etwas mit Herz und Liebe vollbringen muss und seine ganze Energie daransetzt.

(310) Den Haag

Eben habe ich ein Bild beendet, welches das Innere eines vom Gaslicht erleuchteten Nachtcafés darstellt. Ein paar armselige Nachtbummler schlafen in einer Ecke. Der Raum ist rot gestrichen und mittendrin unter der Gaslampe der grüne Billardtisch, der einen großen Schatten auf den Fußboden wirft. Auf diesem Bild sind sechs oder sieben verschiedene Rottöne, vom Blutrot bis zum zarten Rosa, die im Gegensatz zu ebenso vielen hellen und dunklen Grüntönen stehen.

(Willemien 7) Arles, September 1888

Seiten 108–109:
Das Nachtcafé an der Place Lamartine in Arles
Arles, September 1888
New Haven (Conn.), Yale University Art Gallery

III. Freund sein, Bruder sein

DIE UMSTÄNDE HINDERN die Menschen oft, etwas zu tun, sie sind Gefangene in ich weiß nicht was für einem schrecklichen, schrecklichen, sehr schrecklichen Käfig. Es gibt auch – ich weiß – die Freilassung, die späte Freilassung. Ein zu Recht oder zu Unrecht ruinierter Ruf, Armut, unvermeidliche Umstände, Widrigkeiten – das ist es, was Menschen zu Gefangenen macht.

Weißt Du, was einen aus dieser Gefangenschaft befreit? Das ist jede tiefe, ernste Zuneigung. Freund sein, Bruder sein, lieben, das öffnet das Gefängnis durch eine höhere Macht, durch eine magische Kraft. Ohne diese bleibt man im Gefängnis. Wo Sympathie erneuert wird, wird das Leben neu.

(131) Cuesmes, Borinage, 5. August 1875

IMMER WENN ICH in mein kleines Zimmer komme, erinnern mich die Drucke an der Wand an Dich. Die Liebe zwischen Brüdern ist eine starke Stütze im Leben … Lass uns diese Stütze suchen. Lebenserfahrung möge das Band zwischen uns festigen, lass uns aufrichtig und offen miteinander bleiben … so wie es heute ist.

(90) Dordrecht, 1877

MAN SOLL DAS Feuer in seiner Seele nie ausgehen lassen, sondern es schüren. Wer die Armut für sich erwählt und sie liebt, besitzt einen großen Schatz und wird die Stimme seines Gewissens immer deutlich hören. Wer diese Stimme, die Gottes beste Gabe ist, hört und ihr folgt, findet schließlich in ihr einen Freund und ist nie allein.

(121) Amsterdam, 3. April 1878

MEINE EINZIGE BANGE Sorge ist: Wie kann ich nützlich sein in der Welt? Kann ich nicht irgendeinem Zweck dienen und zu etwas gut sein? Wie kann ich mehr lernen und bestimmte Gegenstände tiefer erforschen? Du siehst, das beschäftigt mich dauernd; und dann fühle ich mich gefangen durch Armut, vom Teilnehmen an gewisser Arbeit ausgeschlossen, und manches Notwendige ist außer meiner Reichweite. Das macht zuweilen melancholisch. Man fühlt eine Leere, wo Freundschaft und starke und ernste Zuneigung sein könnten, und man spürt, wie eine schreckliche Mutlosigkeit an der moralischen Energie nagt, und das Verhängnis scheint die Triebe der Zuneigung abzublocken, und eine erschreckende Flut des Ekels überschwemmt einen. Und man ruft: «Wie lange noch, mein Gott?»

(133) Cuesmes, Borinage, Juli 1880

LASS UNS RUHIG weitergehen, jeder auf seinem Weg, auf das Licht zu, «sursum corda», als Menschen, die wissen, dass wir sind, was andere sind, und dass andere sind, was wir sind, dass es gut ist, einander zu lieben. (121) Amsterdam, 3. April 1878

KONKURRENZ, DIE DEM Neid entspringt, ist etwas ganz anderes als die Bemühung, sein Bestes zu tun, um, *aus gegenseitiger Achtung*, die Arbeit so gut wie möglich zu machen ... Im Neid sehe ich nichts Gutes, doch würde ich eine Freundschaft verachten, die nicht von beiden Seiten einige Anstrengung verlangt, dass man auf der gleichen Höhe bleibt.

(275) Den Haag

WAS MICH ANGEHT, ich bin mit Unglück und Fehlschlägen verkettet; es ist zuweilen verdammt schwer, dennoch beneide ich die so genannten Glücklichen und ewig Erfolgreichen nicht, weil ich zu sehr dahinter schauen kann … Der Mann, der in Fesseln liegt, ist bestimmt übel dran, aber nach meiner Auffassung ist er in einer besseren Lage als der Bursche, der die Oberhand über ihn hat und ihn quält. (359) Nuenen

DU, DER DU ebenso tüchtig bist wie Onkel Cent zum Beispiel, wirst nicht fertig bringen, was Onkel Cent fertig gebracht hat. Warum nicht? – Weil zu viele Arnolds und Tripps auf der Welt sind. Unersättliche Geldwölfe, im Vergleich mit denen Du ein Schaf bist. Nimm diesen Vergleich bitte nicht als Beleidigung, Bruder, es ist besser, ein Schaf zu sein als ein Wolf, besser, erschlagen zu werden als zu erschlagen – besser, Abel zu sein als Kain. Und, und – ich hoffe, oder genauer, ich bin sicher, ein Wolf bin auch ich nicht.

Angenommen, wir bilden es uns nicht bloß ein, sondern sind wirklich wie Schafe unter unseren Mitgeschöpfen. Also gut – da die Existenz recht hungriger und arger Wölfe eingeräumt werden muss, wäre es nicht unmöglich, dass wir eines Tages aufgefressen werden. Nun, das mag nicht sehr angenehm sein, aber ich sage mir: Es ist nach allem doch *besser, zugrunde zu gehen als zugrunde zu richten*. Ich meine, da ist kein Grund, seine heitere Gelassenheit zu verlieren, wenn man erkennt, dass man wohl ein Leben der Armut führen muss, obschon man all die Eigenschaften, das Wissen, die Fähigkeiten hat, durch die andere Leute reich werden. Ich bin nicht gleichgültig gegen Geld, aber ich verstehe die Wölfe nicht. (344) Nuenen

ICH WOLLTE, MAN würde einsehen, dass die Grenzen des Mitleids nicht dort liegen, wo die Welt sie sieht. (349) Nuenen

WAS MEINE MEINUNG betrifft, wie weit man gehen kann, wenn es gilt, einem armen, verlassenen, kranken Geschöpf zu helfen, so kann ich nur wiederholen, was ich Dir schon bei einer früheren Gelegenheit gesagt habe: bis *ins Unendliche.*

(350) Nuenen

SCHAU HER, MEINES Erachtens gründet alle Höflichkeit auf Wohlwollen gegen jedermann, auf dem Bedürfnis, das jeder, der ein Herz im Leib hat, fühlt, nämlich andern zu helfen, jemandem nützlich zu sein, und schließlich auf dem Verlangen, zusammen und nicht allein zu leben. Darum tue ich mein Bestes; ich zeichne, nicht um die Leute zu ärgern, sondern um sie zu erfreuen, oder um sie auf Dinge merken zu lassen, die der Beobachtung wert sind, und die nicht jeder kennt. (190) Den Haag

DIE MEINE FREUNDE sein könnten, sind Feinde geworden und scheinen es bleiben zu wollen … Es ist menschlich, über etwas verärgert zu sein, aber es ist nicht recht, in diesem Ärger zu beharren, sogar noch wenn ein Jahr darüber vergangen ist und nach wiederholten Bemühungen, die Sache beizulegen …

Oft fühle ich mich jetzt so niedergeschlagen, wenn ich sehe, wie feindselig und gleichgültig die Menschen sich verhalten, und ich verliere allen Mut. Aber dann raffe ich mich wieder auf und gehe an die Arbeit und lache darüber; und weil ich in der Gegenwart arbeite und keinen Tag ohne Arbeit vergehen lasse, glaube ich, dass Hoffnung für mich in der Zukunft ist …

Doch, Theo, Du musst mich nicht schonen, falls es nur eine Geldfrage ist – wenn Du nur als Freund und Bruder ein wenig Sympathie für meine Arbeit behältst, ob sie nun verkäuflich ist oder unverkäuflich.

(301) Den Haag

ICH KOMME ZU dem Schluss, dass jeder Mensch sein Gewicht in die Waagschale legt, wie klein auch immer, und dass es einen Unterschied macht, wie einer denkt und handelt. Der Kampf ist nur kurz, und es verlohnt sich, aufrichtig zu sein. Sind viele aufrichtig und entschieden, dann wird das ganze Zeitalter gut oder zumindest wirksam.

(266) Den Haag

ICH NEHME ES mir sehr zu Herzen, dass ich im Allgemeinen nicht besser mit den Menschen auskomme; es betrübt mich umso mehr, als auch das Gelingen meiner Arbeit davon abhängt…

Ich bin an einem Punkt, wo ich Kredit nötig hätte, ein wenig Vertrauen und Wärme, und schau, ich finde kein Vertrauen. Du bist eine Ausnahme, aber es lässt mich noch stärker empfinden, wie hoffnungslos alles ist, gerade weil die ganze Wucht von allem auf Dir liegt.

Und wenn ich mein Zeug ansehe, es ist alles gar so armselig, so unzugänglich, zu abgenützt. Wir haben hier trübselige Regentage, und wenn ich in den Winkel der Dachkammer komme, wo ich mich eingerichtet habe, so ist dort alles sonderbar melancholisch. Durch eine Glasscheibe fällt das Licht auf einen leeren Malkasten, auf ein Bündel haarloser Pinsel, kurz, es ist so sonderbar melancholisch, dass es zum Glück auch eine komische Seite hat, so dass man, statt darüber zu weinen, auch lachen kann. Gleichwohl, es steht in argem Missverhältnis zu meinen Plänen, in argem Missverhältnis zum Ernst meiner Arbeit – und da hat der Spaß ein Ende.

(328) Drenthe, 1883

GRÄME DICH NICHT über all das. Gewiss, diese letzten Tage waren traurig, das Ausziehen, Abtransportieren all meiner Möbel, das Einpacken der Bilder, die an Dich abgehen, aber das Traurigste war für mich, dass Du all diese Dinge mir in solch brüderlicher Liebe geschenkt hattest, und dass Du so viele Jahre lang der Einzige warst, der mich unterstützt hat, und nun muss ich kommen und diese betrübliche Geschichte erzählen – aber es ist schwer, in Worte zu fassen, was ich fühle. Die Güte, die Du mir erwiesen hast, ist nicht verloren, denn Du hattest sie und das bleibt Dir; auch wenn die materiellen Ergebnisse null sein sollten, das bleibt Dir trotzdem; aber ich kann es nicht sagen, wie ich es fühle.

(585) 21. April 1889

Man beginnt immer deutlicher zu erkennen:
Das Leben ist nur eine Zeit der Aussaat,
und die Ernte ist nicht hier.

(265) Den Haag, Februar 1883

Der Sämann (Ausschnitt)
Arles, November 1888
Amsterdam, Rijksmuseum Vincent van Gogh
Vincent-van-Gogh-Stiftung

IV. Ein Feuer, das nicht ersticken darf

ICH FÜHLE EINE Kraft in mir, die ich entwickeln muss, ein Feuer, das ich nicht ersticken darf, sondern anfachen muss, obschon ich nicht weiß, zu welchem Ende es mich führen wird, und mich nicht wundern würde, wenn es ein düsteres wäre …

Unter manchen Umständen ist es besser, der Besiegte zu sein als der Sieger … (242) Den Haag

ES IST BESSER, feurig von Geist zu sein, selbst wenn man dann mehr Fehler begeht, als beschränkt und übervorsichtig.

(121) Amsterdam, 3. April 1878

SOLCH EIN FEUER des Geistes und der Liebe ist eine Kraft Gottes gegen die dunklen und bösen und schrecklichen Dinge der Welt und gegen die dunkle Seite des Lebens; es ist eine Kraft der Auferstehung, stärker als jede Tat, und ein Hoffnungsstrahl, der den geheimen Tiefen des Herzens Bewusstsein und Sicherheit bringt. Es findet Ausdruck in Worten, die einfach, aber beredt sind: «Ich verzweifle nie.»

(111) Amsterdam, 21. Oktober 1877

STUNDEN IN SCHWERMUT, der Not, der Angst – ich glaube, die haben wir alle in kleinerem oder größerem Ausmaß, und es ist Bedingung jedes *bewussten* menschlichen Lebens. Es scheint, dass manche Menschen kein Bewusstsein ihrer selbst haben. Wie auch immer, die es haben, mögen manchmal in Seelennot sein, sie sind deswegen nicht unglücklich, solche Not ist nichts Außergewöhnliches.

Und manchmal gibt es Erleichterung, manchmal kommt eine neue innere Energie auf, *und man steht wieder auf.*

(274) Den Haag

EINER, DER LANGE hin- und hergeschüttelt wurde wie auf stürmischer See, erreicht schließlich seinen Bestimmungsort; einer, der zu nichts nütze schien, für keine Stellung, kein Amt zu taugen schien, wird doch noch zum Handeln fähig – er zeigt sich als ein ganz anderer, als es zuerst den Anschein hatte.

Ich wäre sehr froh, wenn Du in mir etwas anderes sehen könntest als einen Nichtstuer.

Es gibt Nichtstuer aus Faulheit und Charakterschwäche, aus niedriger Veranlagung. Wenn Du meinst, kannst Du mich für einen solchen halten.

Auf der andern Seite gibt es den Nichtstuer, der es wider Willen ist, der inwendig von einer großen Sehnsucht nach Tätigkeit verzehrt ist … der nichts tut, weil er wie in einem Käfig gefangen sitzt. Solch ein Mensch weiß selbst nicht immer, was er tun könnte, aber instinktiv fühlt er: Ich bin zu irgendetwas gut, mein Leben hat doch einen Zweck … Wozu kann ich nützlich sein, wozu kann ich dienen? Da ist etwas in mir, was mag es sein?

Das ist eine ganz andere Art von Nichtstuer; wenn Du meinst, kannst Du mich für einen solchen halten.

Ein Vogel im Käfig weiß im Frühling sehr wohl, dass er zu etwas taugen könnte … aber er kann es nicht tun. Was ist es nur? Er kann sich nicht recht erinnern …

(133) Cuesmes, Borinage, Juli 1880

ICH WEISS, ICH habe starke Leidenschaften in dieser Zeit meines Lebens – und ich glaube, es ist recht, dass ich sie habe, ich sehe mich selbst als einen, der «sehr wild» ist.

Und doch legt sich meine Leidenschaft, wenn ich einem Schwächeren gegenüberstehe, und dann kämpfe ich nicht.

(347) Nuenen

STATT MICH IN Verzweiflung gehen zu lassen, habe ich mich für tätige Melancholie entschieden – soweit Tätigkeit in meiner Macht stand –, anders gesagt, ich habe die Melancholie, die hofft und strebt und sucht, jener vorgezogen, die in Erstarrung und Trübsinn verzweifelt. (133) Cuesmes, Borinage, Juli 1880

SCHAU – WAS DAS Jetzt oder Nie angeht –, sich davonmachen oder verschwinden, weder Du noch ich sollten das *jemals* tun, sowenig wie uns das Leben nehmen.

Auch ich habe meine Augenblicke tiefer Melancholie, doch ich sage es noch einmal, sowohl Du wie ich sollten den Gedanken, zu verschwinden oder sich davonzumachen, als weder Dir noch mir zustehend betrachten.

Und trotz allem sollte man es wagen, den Weg fortzusetzen, selbst wenn man fühlt, es ist *unmöglich*, dennoch weiterzugehen mit dem verzweifelten Gefühl, dass es mit dem Verschwinden enden wird – aber auf der anderen Seite ist in unserem Gewissen dieses «Hüte dich!!!» (337) Drenthe, 1883

MAN DARF KEIN Stadtmensch sein, man muss ein Landmensch sein, wie gebildet man auch sein mag. Ich kann es nicht genau ausdrücken. Da muss ein «ich weiß nicht was» in einem Menschen sein, das ihm den Mund verschließt und ihn tätig macht –

eine gewisse Abgeschiedenheit, auch wenn er spricht –, ich wiederhole, ein inneres Schweigen, das zur Tat führt. Auf diese Weise vollbringt man große Dinge – Warum? Man hat ein gewisses Gefühl kommen zu lassen, was mag. (333) 1883

DER KUMMER DARF sich nicht in unserem Herzen ansammeln wie Wasser in einem trüben Tümpel.
(W 14) Saint-Rémy, September/Oktober 1888

MÖGLICHST VIEL VON dieser heiteren Gelassenheit zu besitzen … dürfte ein besseres Mittel gegen alle Leiden sein, als das, das man in der Apotheke kaufen kann. Vieles kommt von selbst, man wächst und entwickelt sich von selbst …

Es ist keine schlechte Idee, dass Du [Willemien] Künstlerin werden willst, denn wer Feuer und Seele hat, kann sie nicht unter einem Scheffel versteckt halten, und – man will lieber brennen als ersticken. (W 1) Paris, 1887

WIR RECHNEN MIT der Möglichkeit eines harten Lebens, das ein anderes Ziel hat als möglichst viel zu verdienen.

Unser Ziel ist erstens Selbstreform durch Handwerk und durch Umgang mit der Natur, im Glauben, dass dies unsere erste Pflicht ist, ehrlich zu sein mit andern und konsequent zu sein – unser Ziel ist Wandel mit Gott – das Gegenteil des Lebens im Getriebe der Großstädte.

Damit schaden wir niemand.

Möge das manchen scheinheilig klingen: Wir glauben, dass Gott denen hilft, die sich selbst helfen, solange sie ihre Kraft und Aufmerksamkeit in diese Richtung lenken und ihre Arbeit in dieser Absicht tun. (337) Drenthe, 1883

MEINER ANSICHT NACH bin ich reich wie ein Krösus – nicht an Geld, aber (obwohl nicht jeden Tag) reich, weil ich in meiner Arbeit etwas gefunden habe, dem ich mich mit Herz und Seele widmen kann und das mich inspiriert und meinem Leben einen Sinn gibt.

Meine Stimmung wechselt natürlich, aber die Durchschnittsstimmung ist heitere Gelassenheit. Ich habe einen festen *Glauben* an die Kunst, ein festes Vertrauen, dass sie ein mächtiger Strom ist, der den Menschen in einen Hafen trägt, wiewohl er selber etwas dazu tun muss; jedenfalls halte ich es für einen so großen Segen, wenn ein Mensch seine Arbeit gefunden hat, dass ich mich nicht zu den Unglücklichen zählen kann. Ich meine, wenn ich auch in verhältnismäßig großen Schwierigkeiten war, und wenn es auch düstere Tage in meinem Leben gab, würde ich es nicht wollen, dass man mich zu den Unglücklichen zählt, und es wäre nicht richtig. (274) Den Haag

MAN WILL EIN christlicher Mensch sein, man ist es, man arbeitet wie ein Sklave … Man muss die Arbeit aufgeben, wenn man nicht mehr dafür ausgeben kann, als man dafür bekommen kann, man bekommt ein Gefühl von Schuld, von Versagen, als hielte man sein Versprechen nicht … Man traut sich nicht, Freundschaften zu schließen, sich zu regen; wie die Aussätzigen früher möchte man schon von weitem den Leuten zurufen: Kommt mir nicht zu nahe, der Umgang mit mir bringt euch Ärger und Schaden. Mit dem Berg von Sorgen auf dem Herzen muss man mit ruhiger Alltagsmiene an die Arbeit gehen … Kaltblütig muss man mit einer Hand das Steuer festhalten, damit die Arbeit weitergeht, und mit der andern Hand dafür sorgen, dass man andern keinen Schaden bringt …

Man kann nicht auftreten wie einer, der ein vorteilhaftes Geschäft vorschlägt … Im Gegenteil, es ist klar, dass es mit einem Defizit endet. Und doch fühlt man eine Kraft in sich aufstehen – man muss ein Werk schaffen, und es muss geschaffen werden.

(248) Den Haag

Ich ringe mit einem Bild … ein Schnitter … Ich sehe in diesem Schnitter eine unbestimmte Gestalt, die in der Gluthitze wie der Teufel dreinhaut, um mit seiner Arbeit zu Ende zu kommen. Ich sehe darin ein Bild des Todes in dem Sinn, dass die Menschen das Korn sind, das er abmäht … Aber in diesem Tod liegt nichts Trauriges, es geschieht im vollen Licht, mit einer Sonne, die alles mit zartem goldenem Licht überflutet.

(604) Saint-Rémy, September 1889

Weizenfeld mit Schnitter bei aufgehender Sonne (Ausschnitt)
Saint-Rémy, Anfang September 1889
Amsterdam, Rijksmuseum Vincent van Gogh
Vincent-van-Gogh-Stiftung

V. Die Sonne

JA, ICH BIN jetzt so gesund wie andere Menschen, was ich sonst höchstens mal für kurze Zeit in Nuenen erlebt habe, und das ist recht angenehm.

Mit «anderen Menschen» meine ich etwa die streikenden Tiefbauarbeiter, den Vater Tanguy, den Vater Millet, die Bauern; wenn jemand gesund ist, muss man von einem Stück Brot leben und dabei den ganzen Tag arbeiten können und noch die Kraft haben, zu rauchen und sein Gläschen zu trinken, das braucht der Mensch unter diesen Umständen. Und dabei doch die Sterne fühlen und das Unendliche dort oben. Dann ist das Leben trotz alledem fast märchenhaft. Ach, wer hier nicht an die Sonne glaubt, der ist gottlos. (520), Arles, 1888

WENN MAN DAS Bedürfnis nach etwas Großem, Unendlichem hat, nach etwas, das einen zu Gott hinführt, so braucht man nicht weit zu gehen. Mir scheint, ich sehe etwas Tieferes, Unendlicheres, Ewigeres als den Ozean im Augenausdruck eines kleinen Kindes, wenn es am Morgen erwacht und kräht und lacht, weil es die Sonne auf seine Wiege scheinen sieht. Wenn es einen «rayon d'en haut» [Strahl von oben] gibt, vielleicht kann man ihn hier finden. (242) Den Haag

MAN BRAUCHT DER Form nach mit dem religiösen Gefühl nicht genau übereinzustimmen, aber wenn es aufrichtig ist, muss man Respekt davor haben. Ich persönlich kann es durchaus teilen und brauche es sogar, zumindest in der Art, wie ich ein Gefühl für so ein altes Männlein habe und einen Glauben an «etwas dort oben», auch wenn ich nicht genau weiß, wie oder was es sein mag.

(253) Den Haag

GEFÜHL, SELBST FEINES Gefühl für die Schönheiten der Natur ist nicht dasselbe wie religiöses Gefühl, obwohl ich glaube, dass diese beiden in enger Verbindung stehen.

Fast jeder hat Gefühl für die Natur, der eine mehr, der andere minder, aber nur wenige gibt es, die fühlen: Gott ist Geist.

(38) Paris, 17. September 1875

MAG SEIN, JEMAND macht für eine kurze Zeit einen unentgeltlichen Lehrgang an der großen Universität des Elends mit und achtet auf die Dinge, die er mit eigenen Augen sieht und mit eigenen Ohren hört, und denkt über sie nach, so wird er zum Glauben kommen, und er wird vielleicht mehr gelernt haben, als er sagen kann. Die wirkliche Bedeutung dessen zu verstehen suchen, was die großen Künstler, die ernsten Meister, uns in ihren Meisterwerken sagen, das führt zu Gott; der eine hat es in einem Buch gesagt, ein anderer in einem Bild.

Und dann lies ganz einfach das Evangelium und die Bibel. Es gibt Dir zu denken, und viel zu denken, immerfort zu denken. Also denn, denk viel und denke immerfort, das erhebt Dein Denken über den gewöhnlichen Horizont, ohne dass Du es merkst.

(133) Cuesmes, Borinage, Juli 1880

ES WÄRE SO einfach und würde die schrecklichen Dinge im Leben so gut erklären, die uns jetzt so verblüffen und verletzen, wenn das Leben noch eine andere Hemisphäre hätte, freilich eine unsichtbare, auf der man landet, wenn man stirbt.

(516) Arles, 1888

WENN WIR SO *winzig* sind, umso besser für uns, denn dann ist nichts einzuwenden gegen die unbegrenzten Möglichkeiten zukünftiger Existenz ...

Ich halte nicht viel vom *zukünftigen* Leben der Künstler *durch ihre Werke.* Ja, die Künstler setzen sich fort, indem sie einander die Fackel reichen ... Aber ist das alles? (518) Arles, 1888

EINES DER DINGE, «die nicht vergehen werden», ist das, «was oben ist», und auch der Glaube an Gott, obwohl die Formen sich wandeln – Wandlung ist notwendig wie die Erneuerung der Blätter im Frühling. (253) Den Haag

CHRISTUS ALLEIN ... hat das ewige Leben, die Unendlichkeit der Zeit, die Nichtigkeit des Todes, die Notwendigkeit und die Berechtigung der Gelassenheit und Hingabe als Grundgewissheit bestätigt. Er lebte in Gelassenheit, *ein größerer Künstler als alle anderen Künstler,* er hat Marmor und Ton und Farbe verschmäht und in lebendigem Fleisch gearbeitet. Das besagt: Dieser unvergleichliche Künstler, der mit dem stumpfen Instrument unserer modernen, nervösen, betäubten Hirne kaum zu fassen ist, hat weder Statuen noch Gemälde noch Bücher geschaffen; er hat es laut verkündigt, dass er ... *lebendige* Menschen machte, Unsterbliche ... (B 8) Ende Juni 1888

ICH ARBEITE AN zwölf großen Bildern, besonders Ölbaumgärten, eines davon hat einen Himmel, der ganz rosa ist, ein anderes mit einem grünen und orangefarbenen Himmel und ein drittes mit einer großen, gelben Sonne. (W 16) Saint-Rémy, November 1889

EIN ANDERES BILD stellt einen Sonnenaufgang über einem Feld mit jungem Korn dar; fliehende Linien, Furchen, die gegen eine Mauer und eine lila Hügelkette hoch ins Bild hinaufsteigen. Das Feld ist violett und grüngelb. Die weiße Sonne ist von einem großen gelben Strahlenkranz umgeben. Darin habe ich … Ruhe ausdrücken wollen, einen tiefen Frieden.

(B 21) Saint-Rémy, Dezember 1889

ICH ARBEITE ZURZEIT an einem Strauß von zwölf Sonnenblumen in einer gelben Tonvase, und ich habe vor, das ganze Atelier mit lauter Sonnenblumen auszuschmücken.

(W 6) Arles, 2. Augusthälfte 1888

ES IST GUT, den Glauben zu bewahren, dass alles viel wunderbarer ist, als man fassen kann, denn das ist die Wahrheit. Es ist gut, ein feinfühliges, demütiges und zärtliches Herz zu haben, wenn man auch dieses Fühlen mitunter verbergen muss. Es ist gut, wissend zu sein in den Dingen, die den Weisen und Gescheiten dieser Welt verborgen sind, die aber von Natur aus den Armen und Einfältigen, den Frauen und den kleinen Kindern offenbart sind. Denn was könnte man Besseres lernen als das, was Gott von Natur aus in jede Menschenseele gelegt hat, was in der Tiefe jeder Seele lebt und liebt, hofft und glaubt, wenn es nicht mutwillig zerstört wird? (121) Amsterdam, 3. April 1878

SCHAU, BRUDER, SELBST wenn unser Gemüt dann und wann von dem Problem erfüllt ist, «Gibt es einen Gott oder gibt es ihn nicht?», so ist das kein Grund für uns, absichtlich etwas Gottloses zu tun. (338) Drenthe, Herbst 1883

WIR SIND MENSCHEN, die im Feuer des Lebens geprüft werden müssen, um innerlich gestärkt und gefestigt zu werden und das zu werden, was sie durch die Gnade Gottes von Natur aus sind.

(121) Amsterdam, 3. April 1878

DU WIRST WOHL oft empfinden, dass weder Du noch ich das sind, was wir zu werden hoffen … dass es uns an Festigkeit und Einfachheit und Aufrichtigkeit fehlt! Man ist nicht auf einmal einfach und wahr. (43) Paris, 14. Oktober 1875

RECHT UND FALSCH existieren nicht getrennt, sowenig wie Schwarz und Weiß in der Natur. Man muss darauf achten, nicht ins kompakte Schwarz zurückzufallen – ins ausgesprochen Schlechte – und mehr noch, man muss sich vor dem Weiß einer weiß getünchten Wand hüten, nämlich vor Scheinheiligkeit und ständigem Pharisäertum. Wer mutig der Vernunft zu folgen sucht und besonders seinem Gewissen, der allerhöchsten Vernunft – der erhabenen Vernunft –, und ehrlich zu sein versucht, kann schwerlich ganz vom Weg abkommen, glaube ich … auch wenn er nicht die Vollkommenheit erreicht.

Und ich glaube, das wird ihm ein tiefes Gefühl von Mitleid und Wohlwollen geben, umfassender als die engherzige Sorte, wie sie die Spezialität der Pastoren ist.

Man mag… sich als ein ganz gewöhnlicher Mensch unter gewöhnlichen Menschen fühlen – denn alles, was man erlangt, ist schließlich eine ziemlich beständige Gelassenheit. (306) Den Haag

ICH HALTE MEINE Meinungen nicht für besser als die anderer Leute. Aber mehr und mehr glaube ich, dass es etwas gibt, neben dem alle Meinungen, meine eingeschlossen, zu nichts werden.

Meinungen können an gewissen Grundwahrheiten so wenig ändern, wie die Wetterfahnen die Richtung des Windes ändern können. Die Wetterfahnen machen den Wind nicht östlich oder nördlich, ebenso wenig können Meinungen die Wahrheit wahr machen.

Ich wollte es Dir gerne klarmachen, dass ich – wie ich nun eben denke – schwerlich irgendjemand böse sein könnte nur wegen einer *Meinung*. Ich schlage meine *Meinungen* nicht hoch an. Aber es ist etwas anderes, dass ich mich nicht damit abfinden kann zu sehen, dass viele Menschen ein ziemlich unbesonnenes Leben führen, viel zu weit entfernt von dem, was *für alle wahr* ist ... (351) Nuenen

MICH ENTZÜCKT IMMER noch der Zauber der dann und wann hereinhuschenden Kindheitserinnerungen, einer Sehnsucht nach dem Unendlichen, wovon der Sämann, die Garbe Symbole sind ... Aber wann werde ich meinen gestirnten Himmel malen, jenes Bild, das mich ständig beschäftigt? (B 7) Arles, 2. Junihälfte 1888

SEHR GUT GEFALLEN mir die letzten Worte, mit denen ein meisterhafter Artikel, ich glaube von Silvestre, schließt: «So starb, beinahe lächelnd, Eugène Delacroix, ein Maler von großem Format, der eine Sonne im Kopf und ein Gewitter im Herzen trug, der sich von Kriegern zu Heiligen wandte, von Heiligen zu Liebenden, von Liebenden zu Tigern, von Tigern zu Blumen.» (B12) Arles, 1888

DAS LETZTE, WAS ich angefangen habe, ist das «Weizenfeld» mit einem kleinen Schnitter und einer großen Sonne.
(597) Saint-Rémy, Sommer 1889

VI. Ein «Fremdling auf Erden»

VOR ETWA FÜNFUNDZWANZIG Jahren reiste ein Mann aus Granville [in der Bretagne] nach England. Nachdem sein Vater gestorben war, stritten sich seine Brüder um das Erbe und versuchten vor allem, ihm seinen Anteil zu nehmen. Des Streits überdrüssig, überließ er ihnen seinen Anteil und reiste mit leeren Händen nach London, wo er an einer Schule eine Stelle als Französischlehrer erhielt. Als er dreißig war, heiratete er eine Engländerin, die viel jünger war als er. Sie bekamen ein Kind, eine Tochter.

Nachdem der Mann sechs bis sieben Jahre verheiratet war, verschlechterte sich seine Lungenkrankheit.

Daraufhin fragte ihn einer seiner Freunde, ob er noch einen Wunsch habe. Der Mann antwortete ihm, dass er vor seinem Tode gern seine Heimat wiedersehen möchte.

Sein Freund bezahlte ihm die Kosten für die Reise. Todkrank reiste er also mit seiner Frau und seiner sechs Jahre alten Tochter nach Granville. Dort angekommen, mietete er bei armen Leuten ein Zimmer in einem Haus nahe am Meer.

Wenn der Abend kam, ließ er sich an den Strand tragen und schaute zu, wie die Sonne im Meer unterging. Als die Leute eines Abends sahen, dass sein Tod nahe war, gaben sie seiner Frau zu verstehen, dass es Zeit sei, den Pfarrer zu holen, damit er dem Kranken die Letzte Ölung spende.

Seine Frau, die Protestantin war, sträubte sich, doch der Mann sagte: «Lass sie machen.»

Der Pfarrer kam also, und der Kranke beichtete vor allen Leuten, die im Hause waren. Alle Anwesenden weinten, als sie hörten, welch ein rechtschaffenes und lauteres Leben er geführt hatte.

Danach wollte der Mann mit seiner Frau allein sein. Als sie allein waren, umarmte er sie und sagte zu ihr: «Ich habe dich geliebt.» Dann starb er …

Er liebte Frankreich, die Bretagne und die Natur, und er sah Gott. Deshalb erzähle ich euch vom Leben dieses «Fremdlings auf Erden», der indessen einer ihrer wahren Bürger war.[57]

Von Vincent van Gogh um 1875 verfasster Text,
den seine Schwester Elisabeth-Huberta von ihm erhielt

Quellenhinweise

Henri Nouwen

Erstes Kapitel «Mitleiden als Mitmenschlichkeit»: deutsche Erstveröffentlichung von *Compassion: Solidarity, Consolation and Comfort*, erschienen im März 1976 in der Zeitschrift «America» (Seiten 195–200). © The Estate of Henri Nouwen.

Zweites Kapitel «Was im Herzen solch eines Niemands ist»: bislang unveröffentlichtes Typoskript. © The Estate of Henri Nouwen.

Drittes Kapitel «Anstöße zur Mitleidenschaft»: Die Texte wurden aus den nachfolgend mit I bis VII gekennzeichneten Büchern von Henri Nouwen ausgewählt. Die römische Ziffer am Ende eines jeden Textes verweist auf diese Zählung (mit darauf folgender Seitenangabe):

I *Auf der Suche nach dem Leben*. Ausgewählte Texte mit einer Einführung von Robert Jonas. Aus dem Amerikanischen von Franz Johna, Freiburg im Breisgau 2001.

II *Das geteilte Leid*. Heute christlich leben. Aus dem Amerikanischen von P. Radbert Kohlhaas OSB, Freiburg im Breisgau 1983.

III *Die innere Stimme der Liebe*. Aus der Tiefe der Angst zu neuem Vertrauen. Aus dem Amerikanischen von Franz Johna, Freiburg im Breisgau, 12. Auflage 2006.

IV *Ich hörte auf die Stille*. Sieben Monate im Trappistenkloster. Aus dem Amerikanischen übersetzt in der Trappistenabtei Maria Frieden und in der Trappistenabtei Mariawald, Freiburg im Breisgau, 19. Auflage als Neuausgabe 2001.

V *Mit offenen Händen*. Unser Leben als Gebet. Aus dem Amerikanischen von Franz Johna, Freiburg im Breisgau, 1996.

VI *Nimm sein Bild in dein Herz*. Geistliche Deutung eines Gemäldes von Rembrandt. Aus dem Amerikanischen von Ulrich Schütz, Freiburg im Breisgau, 15. Auflage 2006.

VII *Was mir am Herzen liegt*. Meditationen. Aus dem Amerikanischen von Franz Johna, Freiburg im Breisgau, 5. Auflage 2000.

Vincent van Gogh

Die Briefe Vincent van Goghs sind zitiert nach der Sammlung *Worte wie Feuer*. Herausgegeben und eingeleitet von Maria Otto, Freiburg im Breisgau, 9. Auflage 1996, im ersten Teil des vorliegenden Buches gelegentlich modifiziert entsprechend der englischen Wiedergabe in den Texten Henri Nouwens, im zweiten Teil, «Worte wie Feuer» (Seiten 93–135) ergänzt mit Briefauszügen nach einer Auswahl von Henri Nouwen.

Die Nummerierung der Briefe van Goghs folgt der Zählung der englischen Gesamtausgabe: *The Complete Letters of Vincent van Gogh*. 3 Bände, Greenwich/Connecticut-London 1958 (dieselbe Zählung in der deutschen Ausgabe: *Vincent van Gogh, Sämtliche Briefe*. Herausgegeben von Fritz Erpel, 6 Bände, Henschelverlag, Berlin – Kindler Verlag Zürich 1965–1968).

Wenn kein Adressat angegeben ist – wie B (= Emile Bernard) oder W (= Schwester Willemien) –, handelt es sich um Briefe an Vincents Bruder Theo.

Den Briefen, von denen viele undatiert sind, wurden Ort und Jahr hinzugefügt, soweit dies feststellbar ist.

Die Originalbriefe, die alle in Französisch geschrieben sind, befinden sich im Besitz der Vincent-van-Gogh-Stiftung, Amsterdam.

Verzeichnis der Abbildungen

Die mit «F» bzw. «JH» angeführten Ziffern verweisen auf die Nummer in den maßgeblichen Katalogen von *de la Faille* (F) und *Jan Hulsker* (JH); vgl. Jacob Baart de la Faille, The works of Vincent van Gogh. His paintings and drawings [rev., erw. und komm. Ausgabe], Amsterdam 1970; Jan Hulsker, The new complete van Gogh: paintings, drawings, sketches [rev. und erw. Ausgabe des catalogue raisonné], Amsterdam 1996.

Seite 67: Der barmherzige Samariter (nach Delacroix)
Saint-Rémy, Mai 1890, Öl auf Leinwand, 73 x 60 cm
F 633, JH 1974
Otterlo, Rijksmuseum Kröller-Müller

Seite 79: Pietà (nach Delacroix)
Saint-Rémy, September 1889, Öl auf Leinwand, 73 x 60,5 cm
F 630, JH 1775
Amsterdam, Rijksmuseum Vincent van Gogh, Vincent-van-Gogh-Stiftung

Seite 92: Vierzehn Sonnenblumen in einer Vase
Arles, Januar 1889, Öl auf Leinwand, 95 x 73 cm
F 458, JH 1667
Amsterdam, Rijksmuseum Vincent van Gogh, Vincent-van-Gogh-Stiftung

Seite 108–109: Das Nachtcafé an der Place Lamartine in Arles
Arles, September 1888, Öl auf Leinwand, 70 x 89 cm
F 463, JH 1575
New Haven (Conn.), Yale University Art Gallery

Seite 117: Der Sämann
Arles, November 1888, Öl auf Leinwand, 32 x 40 cm
F 451, JH 1629
Amsterdam, Rijksmuseum Vincent van Gogh, Vincent-van-Gogh-Stiftung

Seite 125: Weizenfeld mit Schnitter bei aufgehender Sonne
Saint-Rémy, Anfang September 1889, Öl auf Leinwand, 73 x 92 cm
F 618, JH 1773
Amsterdam, Rijksmuseum Vincent van Gogh, Vincent-van-Gogh-Stiftung

Anmerkungen

1 Das Wort «Barmherzigkeit» kommt vom mittelhochdeutschen *barmherze*, das wiederum aus dem althochdeutschen *armherzi* stammt und nach dem kirchenlateinischen *misericordia* gebildet ist, was «ein Herz für die Armen» besagt. Dem entspricht im Englischen der Ausdruck *compassion*. Ihm liegt das spätlateinische *compassio* zugrunde, das aus *pati* (leiden) und *cum* (mit) besteht und «Mitleiden, Mitdulden» bedeutet (vgl. H. Nouwen mit D. P. McNeill, D. A. Morrison, *Das geteilte Leid. Heute christlich leben*. Verlag Herder Freiburg im Breisgau 1983, S. 12) [Anm. d. Hg.].

2 *Thomas Merton* (1915–1968) zählt zu den prägenden Gestalten des modernen amerikanischen Katholizismus. Er wurde 1915 in Frankreich geboren und konvertierte nach einem ruhelosen Leben 1938 in den Vereinigten Staaten zum katholischen Glauben; trat 1941 den Trappisten, einem der radikalsten religiösen Orden, bei. Sein Engagement als Schriftsteller wurde weltweit wirksam. Aus seiner geistlichen Erfahrung heraus nahm er klarsichtig Stellung zu Fragen der Ordensreform und zu akuten Problemen des Landes wie dem Vietnamkrieg, dem Rassenkonflikt, der Bürgerrechts- und Friedensbewegung, dem Wettrüsten. Vgl. Bernardin Schellenberger, Art. Thomas Merton, in *Lexikon der Spiritualität*. Hg. von Christian Schütz, Verlag Herder Freiburg im Breisgau 1988, Sp. 879ff. [Anm. d. Hg.].

3 Th. Merton, *Conjectures of a Guilty Bystander*, Garden City, N. Y., 1968, S. 157f.

4 Brief 38, Paris, September 1875.

5 Brief 133, Amsterdam, Juli 1880.

6 Brief 132, Cuesmes, Oktober 1879.

7 Brief 129, Wasmes, April 1879.

8 Brief 126, Laeken, November 1878.

9 Brief 126, Laeken, November 1878.

10 Brief 218, Den Haag, Juli 1882.

11 Brief 309, Den Haag, 1883.

12 Brief 237, Den Haag, Herbst 1882.

13 Brief 133, Cuesmes, Juli 1880.

14 E. H. Erikson, *Lebensgeschichte und historischer Augenblick*. Frankfurt a. M., Suhrkamp Verlag 1977, S. 275.

15 Als «Waisenmänner» und «Waisenfrauen» bezeichnete man alleinstehende, in so genannten Armenhäusern lebende alte Menschen. Vgl. Brief 235.

16 Brief 404, Nuenen, April 1885.

17 Brief 218, Den Haag, Juli 1882.

18 Brief 197, Den Haag, Mai 1882.

19 Brief 197, Den Haag, Mai 1882.

20 Brief 228, Den Haag, Sommer 1882.

21 Brief 557, Arles, Oktober 1888 und Brief 523, Sommer 1888.

22 R. M. Rilke, *Briefe an einen jungen Dichter*. Brief vom 14. Mai 1904.

23 Brief 126, Laeken, November 1878.

24 Vgl. Anmerkung 15

25 Brief 248, Den Haag, Herbst 1882.

26 Brief 522, Arles, Sommer 1888.

27 Brief 531, Arles, September 1888.

28 Brief 133, Cuesmes, Borinage, Juli 1880.

29 Brief 542, Arles, September 1882.

30 Brief 520, Arles, August 1888.

31 Brief 265, Den Haag, September 1883.

32 Brief W20, Saint-Rémy, Februar 1890

33 Brief 531, Arles, Herbst 1888.

34 Brief 393, Nuenen, Anfang 1885.

35 Paul Gauguin an Vincent van Gogh, Paris, April 1890.

36 Vgl. Henri Nouwens weltberühmtes Tagebuch *Ich hörte auf die Stille*, das seinen siebenmonatigen Aufenthalt in der Abtei Genesee beschreibt [Anm. d. Hg.].

37 Brief 556, Arles, Oktober 1888.

38 Brief 164, Etten, Dezember 1881.

39 Brief 133, Cuesmes, Borinage, Juli 1880.

40 Brief 218, Den Haag, Juli 1882.

41 Brief 237, Den Haag, Herbst 1882.

42 Brief 248, Den Haag, Herbst 1882.

43 Brief 197, Den Haag, Mai 1882.

44 Brief 197, Den Haag, Mai 1882.

45 Brief 219, Den Haag, Juli 1882.

46 Brief 192, Den Haag, April 1882.

47 Brief 279, Den Haag, Sommer 1883.

48 Brief 404, Nuenen, April 1885.

49 Brief 218, Den Haag, Juli 1882.

50 Briefe 520, 522, Arles, August 1888.

51 Brief 15 an Emile Bernard, Arles, August 1888.

52 Brief 7 an Willemien, Arles, September 1888.

53 Brief 531, Arles, Herbst 1888.

54 Brief 21 an Emile Bernard, Arles, 1889.

55 Brief 8 an Emile Bernard, Arles, Juni 1888.

56 Briefe 533, 534, Arles, September 1888.

57 Übersetzung nach dem französischen Original in: «Mercure de France», vom 1. Juni 1952, S. 208: *Un texte français de la main de Vincent*; vgl. E.-H. du Quesne-van Gogh, *Persoonlijke Herinnerungen aan Vincent van Gogh*, Baarn 1910.

Henri Nouwen: Die Biografie

Christian Feldmann

Henri Nouwen
Glaube heißt Sehnsucht
128 Seiten, Paperback
Mit zahlreichen Abbildungen · ISBN 3-451-28845-4

Christian Feldmann zeichnet den Lebensweg Henri Nouwens nach: den Aufstieg des holländischen Priesters zum Star der amerikanischen Elite-Universitäten Harvard und Yale, seine Suche nach einem authentischen Christsein in der Gemeinschaft von Trappistenmönchen und in den Slums von Lateinamerika, seine Erfahrung der Gottesbegegnung in Todesnähe, seinen Ausstieg aus der akademischen Karriere, um in Kanada mit behinderten Menschen zusammenzuleben und von ihnen mehr zu lernen als aus allen Büchern und Seminaren. Henri Nouwens Suche nach einem authentischen Glauben ist ein Kompass, der in Richtung Leben weist.

Henri Nouwen im Verlag Herder

Nimm sein Bild in dein Herz
Geistliche Deutung eines Gemäldes von Rembrandt
Übertragung ins Deutsche von Ulrich Schütz
172 Seiten, gebunden mit Schutzumschlag · ISBN 3-451-22404-6

Henri Nouwens Deutung von Rembrandts Meisterwerk «Die Rückkehr des Verlorenen Sohnes» des Gemäldes birgt nichts Geringeres als eine Summe innerer Lebenserfahrung und christlicher Spiritualität.

Höre auf die Stimme, die Liebe ist
Geistliche Deutung der Geschichte von Jesus
Mit Illustrationen von Rembrandt
Aus dem Amerikanischen übersetzt von Bernardin Schellenberger
192 Seiten, gebunden mit Schutzumschlag · ISBN 3-451-27903-7

Eine ganz besondere Darstellung des Lebens Jesu: Hier sind Henri Nouwens Auslegungen des Lebens Jesu nach dem Neuen Testament zusammengestellt, von der Ankündigung seiner Geburt bis zu seiner Auferweckung.

Ich hörte auf die Stille
Sieben Monate im Trappistenkloster
Aus dem Amerikanischen von Bernardin Schellenberger
272 Seiten, Herder Spektrum 5537 · ISBN 3-451-05537-6

Gebete aus der Stille
Mit einer Einleitung von Anselm Grün
Übersetzt von Mathilde Wieman
144 Seiten, gebunden · ISBN 3-451-27554-6

In einem anderen Licht
Von der Kunst des Lebens und Sterbens
Herausgegeben von Andrea Schwarz
144 Seiten, gebunden · ISBN 3-451-28899-0

Nach Hause finden
Wege zu einem erfüllteren Leben
Aus dem Amerikanischen übersetzt von Ingrid Proß-Gill
144 Seiten, gebunden · ISBN 3-451-28381-6

Du bist der geliebte Mensch
Religiös Leben in einer säkularen Welt
Übersetzt von Bernardin Schellenberger
128 Seiten, gebunden · ISBN 3-451-29282-3

Die innere Stimme der Liebe
Aus der Tiefe der Angst zu neuem Vertrauen
Aus dem Amerikanischen von Franz Johna
128 Seiten, gebunden mit Schutzumschlag · ISBN 3-451-26249-5

Adam und ich
Eine ungewöhnliche Freundschaft
Aus dem Amerikanischen von Franz und Irene Johna
144 Seiten, Paperback · ISBN 3-451-28675-0

Leben hier und jetzt
Jahreslesebuch
Aus dem Amerikanischen von Franz Johna
400 Seiten, Herder Spektrum 5570 · ISBN 3-451-05570-8

Die erstveröffentlichten Texte Henri Nouwens
wurden aus dem Amerikanischen übersetzt von Franz Johna

www.herder.de

Umschlagmotiv:
nach Vincent van Gogh, *Sämann bei untergehender Sonne*
(Arles, Juni 1888)
Foto: © Rijksmuseum Kröller-Müller, Otterlo, Niederlande

Innengestaltung:
Weiß – Graphik & Buchgestaltung

Gedruckt auf umweltfreundlichem,
chlorfrei gebleichtem und säurefreiem Papier
Printed in Italy

ISBN-13: 978-3-451-29252-1
ISBN-10: 3-451-29252-1